COSMOGRA-PHIE DE LEVANT,

Par F. André Theuet D'ANGOVLESME.

Melchior Adelgais, Auguste.

A LYON
PAR IAN DE TOVRNES,
ET GVIL. GAZEAV.
M. D. LIIII.

Auec Priuilege du Roy.

A Monſigneur , Monſigneur

FRANCOIS CONTE

DE LA ROCHEFOVCAVD,

F. André Theuet, ſon treshumble
& obeiſſant ſeruiteur deſire
paix, & felicité
eternelle.

E GRAND DESIR
que i'ay eu, monſigneur, de
vous preſenter de mes la-
beurs, ha fait, que me ſuis
auenturé tant à la mer ha-
zardeuſe, qu'aux vents furieux, pour voir, & connoitre l'experience des choſes,
leſquelles pluſieurs auteurs
de grád renom ont traitees.
Car mon iugement ha eſté touſiours tel, que puiſque entre
tous les ſens de nature, le regard humain eſt le plus actif : de
tant mieux l'hóme entend, & peult plus parfaitement, deſcrire ce qu'il connoiſſoit par liures, l'ayant ſongneuſement exa-
miné & experimenté à veuë d'œil. Ie ſay bien qu'aucuns di-
ront : Qui eſt ce nouueau Anacharſe ou Coſmographe, qui
apres pluſieurs auteurs tant anciens que modernes, peult inuenter quelques choſes nouuelles ? Mais ie leur demande:

a 2   Nature

4

Nature s'eft elle tellemét aftreinte & affugettie aux efcris des
anciens, qu'il ne lui fuft loifible au temps à venir varier , &
donner alternatiue vicifsitude aux chofes dont ilz auroient
efcrit ? Seroit il raifon que ce de no)ueauté, que de iour en
iour elle produit en diuerfes contrees,qui ha efté aux anciés
inconnu , pour n'eftre auenu de leur tems , & à la plus part
des modernes, pour n'en auoir fait la recherche , deuft eftre
fupprimé en filence ? Que ne s'eft teu Pline, puis que Strabo
auoit auant lui tant abfolument traitté de la Geographie? &
apres eux, Ptolemee, Volaterran, Glarean, & infinis autres,
defquelz (s'ilz euffent craint telle cenfure) nous n'aurions les
excellens efcris ? Penferoient ilz bien, pour applaudir à leur
pufilanimité , me deftourner de la iouiffance d'une liberté
commune à tous hommes , d'employer toutes fes accions,
eftudes,& en general tout le cours de noftre vie au proufit &
auantage du bien publiq ? Qu'ilz fe contentent (quand il
n'y auroit autre) qu'à la confideracion que plufieurs liures
donnét à leurs auteurs nom immortel, & aux lecteurs quelque fruit & vtilité, i'ay defiré par ce moyen (fi le prefent liure merite d'eftre receu de la Pofterité) de vous & voftre
nom (auquel le tout eft dedié) la memoire eftre perpetuelle.
Vray eft que plufieurs,& gens de gráde doctrine,ont defcrit
& fait imprimer le voyage de Ierufalem, qui toutefois ainfi
qu'ilz font hommes, aufsi ont ilz peu laiffer quelque chofe,
n'ayans memoire parfaite de tout ce qu'ilz auoient veu , &
ont laifsé aux autres qui viédroient apres eux quelque chofe
à deduire par efcrit , & amaffer les efpics apres les moiffon-
neurs : car les arts & fciences ont efté petit à petit mis au
bas.Ie diray dauantage,que celuy qui fe deffie de fon efprit,
& inuencion d'icelui , eft par trop ingrat: iugeant que nature , mere de toutes chofes , ait mis en vn homme tous fes

dons

dons & graces, & que depuis ait voulu eſtre maratre à la
poſterité, & à iamais ocieuſe & ſterile, n'ayant aucune force
de plus produire choſe de recommãdacion. Au demourant,
vous trouuerez en ce mien petit euure, non tant ſeulement
la peregrinacion faite en la terre ſainte, qui eſt aſſez commune aux Chreſtiens, mais auſsi le diſcours du uoyage de la
Grece, de la Turquie, d'Egypte, mont de Sinay, Iudee, iuſques
en Antioche & Armenie, & pluſieurs iſles tant fertiles que
ſteriles : en quoy me ſuis eſſayé de faire comme Solin en
ſon liure nommé Polyhiſtor, ou non ſeulement il fait mencion des païs, & villes : mais auſsi des animaux, manieres de
viure des habitans, & pluſieurs autres choſes ſingulieres:à fin
que l'euure compoſé de diuerſes matieres, puiſſe mieux re-
creer l'entendement humain, qui eſt ſemblable aux terres,
qui demandent diuerſité, & mutacion de ſemences. En ce
diſcours, donq vous verrez maintenant hiſtoires, maintenant
queſtions naturelles, non moins delectables que vrayes, tant
que le pouuoir de mon petit entendement s'eſt peu eſtendre,
ſuiuant en partie bons auteurs, au lieu d'autorité, la raiſon.
Auſsi y verrez les figures & pourtraits des beſtes, Pyramides,
Ypodromes, Coloſſes, Colomnes, & Obeliſques, le plus pres
de la verité qu'a eſté à moy poſsible. Toutefois ie ne vous
preſente ce Liure cõme vne choſe inſigne & parfaite digne
de vous, Monſigneur, mais en ce ie deſire de teſtifier le grãd
vouloir que i'ay de vous faire ſeruice, apres toutefois auoir
librement confeſſé, que de tout ceſt euure, ie ne demande
gloire ne louenge comme ayant irreprehenſiblement eſcrit,
ains pluſtot me renge & ſoumets au ſain iugement des bons
Lecteurs, attendu meſmes que toutes eſcritures(hors mis celle
qui eſt appellee diuine) peuuent errer. Car Socrates fut re-
pris de Platon, Platon d'Ariſtote, Origene de Saint Ierome.

a 3   Auſquelz

Aufquelz ie ne fuis en rien à accomparer. Confeffant donq
mon infuffifance, ie vous fupplie quen ceft affaire me foyez
fauorable , à l'exemple de Xerxes Roy des Perfés , lequel ne
refufa l'eaue en don à lui prefentee par vne femmelette, confiderant plus le cœur de celui qui prefente , que la main.
Il vous plaira donques, prendre ce petit opufcule en gré,
lequel ie vous dedie & fais du tout votre. Priant Dieu
quil vueille augmenter en bien & honneur, votre
noble tiltre : & finablement apres le decours
de peregrinacion humaine , paruenir
auec plenitude de foy en la
cité de Ierufalem
fupernelle.

Au loz d'Angoulesme pour
singulariser l'Auteur Theuet.

FRANCOIS DE BELLEFOREST,
ODE.

CE pendant qu'au vray lon nous peint
Des estrangers la belle histoire,
Pendant qu'on oublie la gloire
Du Païs qui de loz est ceint:

De Ronsard les miellez vers
Amusent sagement ma lire:
Qui en s'estonnant fort admire,
De ses chants les nombres diuers.

I'oy desia des Muses le bruit,
Que ce diuin Liriq m'enuoye:
Dont mon sens en liqueur ondoye
Sortant du Cabalin conduit.

Tel sort me font pour exalter
Le lieu aymé des destinees:
Ià mes ailes sont empenees,
L'esprit veult son vol y ietter.

O Fleuue doux, estant le dieu
Des grans demidieux de la France:
Qui par l'esclat & coup de lance
Ont deifié ce beau lieu.

O Dieu

O Dieu qui par Ronsard prediz
Le desastre sort de la Guienne:
A mon recit plus d'heur suruienne,
Que par L'augure que te diz.

O Charannat, qui as produit,
Un fleuue que la Canicule
Par son ardeur l'esté ne brule
Et qui aux yeux des Nymphes duit.

Viens raconter, ô presageur,
A ta sœur, la Nymphe Angoulesme,
Le plaisir & soulas extreme,
Qu'auez en ce tien Voyageur.

I'entreuoy les Saules espars
Aupres de tes coulantes ondes:
Ie voy tes Abymes profondes
Prendre repoz de toutes pars.

Ie voy les Tritons appaiser
La plusgrand part de leur murmure,
Et sur le bort (verde parure)
Y voy Naiades deuiser.

Là sied l'accord qu'Apollon fait
Auec la trouppe, qu'il deliure
Du ioug ignorant, & par liure
Ces monstres informes deffait.

Ville, ô Pean, siege des dieux,
Mere de l'Heroïque Muse:
Ville, qui à chanter m'amuse

Ses

antique, iadis edifiee d'Ocnus, qui autrement s'appelloit Bia-
nor, filz de Mante, fille de Tirelias, de laquelle Mantoue ha
prins fon nom, ville, fans mentir, de tous tems fort renommee pour auoir produit la perle & excellence de tous Poëtes Latins, Vergile: lequel certes plufieurs ofent bien accomparer à Homere Prince des Poëtes Grecs. Là ie paffay le
Pau, fleuue bien fameux pour la ruïne de Phaëton (fi foy doit
eftre aioutee aux Poëtes.) Et ainfi appellé à raifon d'une
forte de Pins, qui font alentour de la fontaine, dont il prend
fon commencement & fource, au mont Vefule, pres les
Alpes, lefquelz en langue Galliquaine fe nomment Pades,
comme dit Metrodore.

De la fondacion de Venife, & maniere de viure d'icelle.

CHAP. II.

E MANTOVE ie vins à Ferrare, ville noble & trefcelebre, de l'origine & edificacion
de laquelle il y ha diuerfes opiniõs. Aucũs difent qu'elle fut edifiee par les Troyens auec la
ville de Cremone, & de Modene, & plufieurs
autres citez d'Italie. Les autres tiennent que Attyla Roy des
Goths paffant par là, voyant la belle fituacion & la fertilité
du païs, l'edifia. Pour le iourdhui, ceft l'une des plus belles
villes & des plus fortes qui foit en Italie, fituee fus la riuiere
du Pau. De celle ville ie vins à Venife, laquelle on dit eftre
fondee des Troyens, combien que aucuns referent, & attribuent l'origine des Veniciens, à vne nacion de Gaule cel-
tique, autrement Lionnoife, qui s'appelle Veneti. Les autres
difent, que les Heneciens, peuple de Paphlagonie, apres auoir
perdu leur Capitaine à la deftruccion de Troye la grande,
vindrent au païs de Thrace comme errans & vagabonds,
puis en cefte partie de la mer Adriatique, qui s'appelle au-

c   iourdhui

iourdhui Venise. Mais l'aspiracion ha esté changee en vne
consone, V : Ce qu'auons emprunté des Grecs, comme plusieurs autres choses appartenantes à la perfeccion des espritz.
& des Ars , selon le tesmoignage de Ciceron, Quintilien,
Pline,& autres bons auteurs.Car les Grecs disent Heneti,les
Latins,Veneti: & nous, Veniciens. Toutefois aucuns disent
que Venise fut edifiee par de grans Signeurs d'Italie , qui là
se retiroiét pour la crainte du redouté exercite d'Attyla, Qui
apres auoir refreschi sa gendarmerie , mettoit par terre tout
tant de villes d'Italie qu'il trouuoit iusques au mont Apen-
nin : que fut l'an de notre Sauueur , enuiron CCCCLIIII.
Quant au gouuernement de la ville , ie ne say Signeurie au
monde si bien conduite, & gouuernee que celle de Venise,
puissante tant par mer que par terre : attendu qu'elle peult
mettre sus mer,deux cents Galeres, qui sont toutes prestes en
l'Arsenac,ou y ha grande municion,comme Artillerie,bou-
lets , poudres, picques,& plusieurs autres batons, & harnois
de guerre.Il ny ha homme côme ie croy,qui,ayant moyen-
nement veu,& connu, ignore Padoue,Vincence, Bresse,Ve-
rone, Bergame,& plusieurs autres belles Villes, Citez,& forteresses,estre de la Signeurie des Veniciens. Au demourant,
la ville est bien peuplee,fort adonnee à marchandise, le Duc
(supreme Magistrat en icelle) ayant la trafique ouuerte &
libre,tant au païs de Turquie,de Syrie, que d'Egypte,ou ladite ville de Venise se fournit tant de blez,que de marchan-
dises. Car du blé qu'elle pourroit recueillir riere soy, ne se
sauroit nourrir deux mois. Ie ne veux obmettre leur Senat
tant honorable,la ciuilité des citoyens,l'amour, & concorde
qui est entre eux , comme vn certain lien & fondement de
la constante duree & stabilité de tant florissante Signeurie.
Que diráy ie de la magnificence & ingenieuse structure des
edifices,

edifices? de l'air tant benin, tant salubre & tant temperé que
rien plus? pour l'amenité duquel nous lisons l'Italie (en laquelle est situee Venise) auoir esté de tous tems desiree:
comme, iadis des Troyens Enee, Antenor,& leur trouppe:
consequemment des Senonois, Goths, Albanois, & infinis
autres, mesmes à present la voyons plus habitee qu'autre region qui soit au monde, de sorte,qu'autrefois ont esté trouuees en icelle, mille cent soixante six Citez de conte fait:
Et ce,à raison (comme auons dit) du bon air, des eaues, des
ports , & lieux de grand trafique qu'elle ha en grand nombre,à cause de la mer prochaine aussi pour l'abondance des
paturages,d'ou(selon l'opinió d'aucuns)elle ha pris son nom.
Car Italos en Grec, vaut autant à dire que Beuf, (dont elle
abonde grandement) Lequel à raison de son trauail est plus
vtile & necessaire en l'agriculture , que nulle autre beste.
Ainsi que nous demontrent Hesiode, & Orus Apollo. Au
regard de leur façon,& maniere de viure entre autres beaux
statuz de ceste Cité, est obserué, que les poures filles, expo-
sees par leur pere, ou mere, sont entretenues aux despens publiques, & songneusement apprinses à quelque maniere de
bien viure,iusques à ce qu'elles soient en aage pour estre mariees. Et celles qui sont trouuees les plus belles,& mieux en-
doctrinees,sont baillees en mariage à ceux,qui,pour eschap-
per de maladie, ou d'autre gros danger , ont fait vœu d'en
prendre , & les demandent pour acquiter leurs conciences.
Les vns les prennent auec dot, les autres sans douaire, ayans
esgard à la chasteté & beauté d'icelles.Le tout toutefois auec
bon ordre & police : estans sus ce , ordonnez certains vertueux personnages,qui prennent garde & s'informent , si ce
sont gens, qui puissent bien & honorablemét traiter lesdites
filles. Ilz ont aussi esgard à bailler plus d'argent pour les

moins belles, & moins d'argent pour les plus belles, comme
estans plus aisees à pouruoir. De reciter ici toutes les excel-
lences d'une Cité tant bien policee, & en toutes singularitez
tellement precellant toutes autres qu'à iuste raison elle peult
estre nommee l'une des merueilles du Monde, mesmement si
bien lon considere par le menu l'inusitee & rare fabrique
de la grande Eglise de S. Marc, Apostre, & Euangeliste de
Dieu,(auquel les Veniciens portent si grand honneur,& reuerence , qu'en leur monnoye font grauer & insculper , la
marque dudit glorieux Apostre, qui est le Lion,) ce seroit
chose superflue : veu que Iaques Philippes en ses Chroniques en ha traité bien au long, selon que la possibilité porte:
car il n'est possible à humain entendement comprendre le
tout, veu qu'elle est tant parfaite, que le Soleil n'est point plus
luisant entre les estoilles, que la renommee d'elle entre les autres Citez, depuis l'Orient, iusques en Occident. Pourtant
selon mon ingement, seroit plus conuenable de dire de toy,
Venise, tant ancienne, riche, puissante, & fameuse, ce que dit
iadis de Carthage le grand Historien Romain Salluste , à
sauoir de plustot se taire en ton endroit que d'en parler peu.

De l'embarquement de l'Auteur.   C H A P.   I I I.

APRES auoir ouy messe en l'Eglise de saint
Marc(ainsi qu'il appartient à vray chrestien)
fut question de s'embarquer,& s'abandonner
à vn element inconstant, perilleux, & espou-
uentable, comme tresbien nous tesmoignent
les epithetes des Poëtes tant Grecs, que Latins, les prouerbes
communs, & l'experience, maitresse de toutes choses : en sorte qu'il n'y ha homme, qui ne craingne de mourir en l'eaue,
mesmes celui qui est amateur de vertu & de sapiéce: attendu
quil

qu'il s'agit d'une ame plus excellente, plus parfaite, & pourautant de plus grand' perte que de quelque fol & idiot : ce
que tresbien sceut respondre Aristippus à vn Grec fort outrecuidé, braue,& bien pigné,qui, en mode de broquart lui
demandant pourquoy, lui qui estoit Filosofe, s'estoit troublé
& deuenu pasle pendant qu'ilz estoient en perilleuse tormente de mer, veu que lui ne s'en estoit soucié moins que
rien. Pource, respondit il,que tu n'as pas grand souci pour
l'ame d'un fol, mais ie crains pour l'ame d'Aristippus. Ce
que plus amplement deduit Aule Gelle, au premier chapitre de son dixneuuieme Liure. Toutefois la nauigacion
est louable & necessaire, pour voir & connoitre la maniere de viure des estranges nacions qui sont outre mer,
pour estre le vray moyen d'atteindre à celle perfeccion
de iugement, & integrité d'esprit tant requise & souhaitee
de tous ceux qui ont quelque sentiment d'auoir esté for-
mez à l'image & semblance de ce bon Dieu, qui toutes
choses soutient,alimente,& regit. Les hommes donq pour
le grand desir qu'ilz ont les vns de voir & entendre, les autres de trafiquer & faire quelque proufit en marchandise,
s'exposent à ceste mer cruelle, horrible & dangereuse, (tant
pour les grans vents & tempestes qui s'esleuent en elle, que
pour les rochers, goufres, & abymes qu'on y treuue,) estans
conduis par vne petite barque,chose moult foible au regard
d'une telle impetuosité : Ce neantmoins si est ce qu'auát que
m'embarquer en la mer haute,n'ay fait aucune donacion,ou
cession de biens par testament, pour crainte que i'eusse de la
mort, comme fit Thelemachus à Piroeus, car l'homme en-
trant en Religion, (principallement telle qu'est la mienne,)
quitte,renonce,& abandonne tous biens temporelz,à fin de
viure plus solitairement, & en plus grande seurté de con-

c 3   cience,

Response de fort bonne grace d'Aristippus à un outrecuidé.

cience; car qui plus ha des biens de ce monde, plus est en-
trapé,& en plus grand danger, si Dieu ne lui fait grace d'en
bien vser. Venons à notre embarquemét,lequel auec grand
trionfe & solennité fut fait le vinttroisieme de Iuin, veille
de saint Ian batiste, qui n'est point iour suspect aux mari-
niers. Car des principaux des Veniciens s'embarquoient en
notre Naue,les vns pour aller en Candie,les autres pour aller en Chypre pour les affaires de la Signeurie Venicienne,
les autres pour aller en exil & bannissement esdites isles,
pour quelque certain tems , selon l'exigence du crime qu'ilz
pouuoient auoir commis, ainsi qu'en tel cas ont accoutumé
de faire lesdis Signeurs Veniciens.

De Istrie & Esclauonie.   CHAP.   IIII.

A PR E S auoir au partir de Venise pris force biscuit(qui est vn pain d'assez difficile di-
gestion) & bonne quantité d'eaue dedens
noz galeres , bien munies de gens & de viures , donnames voile à deux heures apres
minuit, accompagnez de deux autres Naues : & eusmes ce
iour là vent propre & à souhait, tellement qu'en trois iours
nous arriuames au pais d'Istrie peninsule suiette aux Veniciens , qui prend son nom du fleuue Ister, autrement appellé Danube,selon que recitent Pline,Solin,& Ouide.Et fut
notre abordee à Parence cité belle & ample, ayát Siege epi-
scopal, distante de Venise cinquante lieues : & est situee ladite cité en lieu fort beau, plaisant, & fertile. De là on peult
aller par terre en Hongrie,mesmes iusques en Ierusalé:mais
il seroit trop difficile & dangereux : attendu qu'il faut passer
sus les terres des Turcs & Tartares,lesquelz ne donnent passage sinon auec saufconduit. Vis à vis de ceste cité y ha vne
                                                        petite

petite isle, dens laquelle est fondee vne eglise de saint Nicolas, & y ha de religieux. De Istrie vinmes en Esclauonie, fort beau & grand païs, qui iadis auec l'Istrie, fut appellé Illyris, du filz de Polyphemus, selon Appian : ou selon Eustathius, filz de Cadmus, nommé Illyrios. Ceste arriuee fut le iour de saint Pierre, & saint Pol, le vintneuuieme de Iuin, non sans grande tourmente de mer, & danger de noz personnes, en sorte que cuidames tous perir, & semblións plus morts, que vifs. Mais Dieu, auquel la mer, & les vents obeissent, nous sauua pour son saint nom & gratuite misericorde. Neantmoins ie fus fort mallade & desgouté, plusieurs de la compaignie n'en ayans pas meilleur marché: tant nous auoit troublez ceste mer puante, si fort esmue, coutumiere d'apporter vne vertigineuse perturbacion de teste & d'estomac. Or sont les Esclauons gens de haute stature, & bien douez de ce, que nature peult conferer pour rendre la creature belle en perfeccion. La grandeur des corps d'iceux (à mon iugement) prouient de l'air, qui y est merueilleusement froid, pour raison des hautes mótaignes: dont ilz sont contrains se vétir, & armer contre le froid de grosses peaux de loups, d'ours, ou d'autres bestes : & si en outre telle region ainsi froide, auec celle grádeur, leur cause pareillement beau teint, & blancheur de corps. Toutefois ilz sont fort adonnez à gourmandise, & yurongnerie, dont auient que par fois ilz leur semble (à la coutume des yurongnes) qu'ilz voyent deux obietz pour vn : lequel vice plusieurs d'entre eux attribuent à la froidure du pais, cóme d'autres mesurent le cours de leur vie aux fatales destinees, otans le liberal arbitre, lequel tant de Paiens, bons auteurs, ont testifié estre en nous. Les femmes sont plus petites, vétues plus à la legere, & ne s'enyurent pas si facilement : à cause de la grande humidité, qui

Esclauons beaux hommes.

Esclauons suictz au vin.

té,qui abonde en leur sexe, comme il appert tant par le cuir doux & resplendissant,que par les purgacions continuelles, qui deschargent leurs corps d'humeurs superflues. Pline sus ceste matiere,au dernier chapitre de son onzieme Liure,estime le grand boire , & excessif manger d'iceux Esclauons estre cause seconde quilz ayent corps tant hauts,& si grans. Touchant leur langage, certes Il est fort sauuage, & difficile à comprédre,combien que plusieurs des païs à lentour parlent esclauon.Ilz sont fort suietz au grád Turc,& quasi tous ses Ianissaires sont de ceste region,mesmes le Bacha du Caire,cestadire Viceroy, & le Bacha de Damasque sont Esclauons,& presque tous leurs Ianissaires,qui,en tems de guerre, ont esté par les Turcs enleuez petis enfans : d'ou nous appellons auiourdhui les seruiteurs vendus , esclaues : comme nous auons aux Comedies anciennes,Dauus,qui estoit esclaue du païs de Dace , de ce tems là nommé Daue : Geta, du païs des Getes,dits Goths : Syrus, de Syrie,& autres semblables noms.

Des Loups qui sont au païs d'Esclauonie.   CHAP. V.

E N ESCLAVONIE sont les Loups plus grans & plus cruelz quen Egypte, ny en Afrique : la nature & proprieté desquelz est telle,quilz sont naiz à estrangler, & deuorer tant bestes à corne, que sans corne. Et mangent la chair en si grande abondance , quand ilz en trouuent à cómandemét, quelle demeure aucunefois par lespace de huit iours en leur estomac : à raison duquel interualle de tems,estant pourrie & puante,ilz iettent à gueule bee parmi l'air fumces grosses,indigestes, & infectes , par lesquelles l'air prochain qui lenuironne est infecté: lequel alternatiuemét

depraue

Ses Aſtres reluiſans aux Cieux.

Auec Phebus eſt la ſplendeur
Des Gaulois, vn Roy magnanime:
Qui des Spheres depuis la Cime
Voit de ce monde la rondeur.

Et repu d'immortalité
Voit ſon ſang genereux & rare,
Par armes ſur peuple barbare
Trionfer en proſperité.

Et preſident au cercle blanc,
Des fleurs y ſauras voir l'eſlite,
La celebree Marguerite
Entre celeſtes tenant ranc.

Et de l'Europe le Soleil,
Henri l'heureux croiſſant de lune,
Duquel le loz, fame commune
Fait apparoir cler à tout œil.

O lieu plaiſant, & pluſque heureux,
En dieux, & Heroës fertile:
Pour te louer Belay, ſon ſtile,
Ton voiſin fera plantureux.

Pour toy en eſclats voleront
Plumes, non de Iars, mais de Cygne:
Le Vandommois en vers inſigne,
Et l'Angeuin te loueront.

Et ſi les Cieux ont donné vers,

b   Aux

Aux rudes Muses de Gascongne,
Mon Heraut faudra que besongne
Te publiant par l'Uniuers.

Sa plume vn iour fera tonner
Celle de Ronsard, qu'il amire:
Suiuant ces trois, alors ma lire,
En s'estonnant viendra sonner.

Et assembler vn coup verras
Des Liriqs la Corne abondante,
Et puis aupres de ta Cherante,
Auec eux te resiouiras.

Alors sera des enuieux
En douleur, la bouche beante:
Et des Muses (trouppe galante)
Rassasiez seront les yeux.

Oy de Clio la douce voix
Inspiree en ta geniture,
Faite tu as la nourriture,
D'vn Tipographe d'Angoumois.

Qui tonnant en fluide escrit,
Eternisera la memoire
D'angoulesme, & de sa gloire
Sera son païs fauorit.

Or si ma Caronne connois
D'escrit te collaudant ialouse:
Et que postposant mon Tholouse,
Ie loue les dieux d'Angoumois:

Le suiet

Le suiet qui est reuêtu
De vers, & de sucreé ryme,
Un iour montant d'un bas abyme,
Remettra mon sens en vertu.

A fin qu'un iour en vers prisé,
Hausse le lieu de ma naissance,
Ce faisant Apollon s'auance
Qui me rende immortalisé.

SONET DE L'AVTEVR.

Loz immortel voulant formaliser
Destin heureux, & propre à ta grandeur,
De tes beaux faits, la celeste splendeur
Pretend à droit ia singulariser.
L'escrit qui scet hommes eterniser,
Fera voler par la basse rondeur
Ton excellence, & te donnant plus d'heur,
Des dieux hautains verras ton nom priser.
O que ce Ciecle est digne de memoire !
Ou tous esprits au lustre de ta gloire
Uont desseinans leurs escrits immortelz.
O que mon liure ha seur soutien & garde,
Puis que pris l'as en seure sauuegarde,
Pour apparoir victime en tes Autelz.

PREFACE.

RISTOTE POVR SA grande & parfaite sapience appellé de Grecs Δαιμόνιος, c'estadire diuin, dit, que l'homme appete naturellement voir & sauoir. Pour ausquelles deux fins mieux atteindre la Filozofie ha esté donnee de Dieu (comme recite Lucrece en son cinquieme Liure) pour illuminer l'entendemét humain. De sorte qu'il n'y ha homme, s'il obeit à elle en ensuiuant ses bons & louables enseignemens, qui ne puisse viure tout le tems de sa vie sans tristesse & sans greuance aucune. Mais à bien sonder & ponderer la sentence de ce tant excellent Filozofe, certes ce n'ha esté sans raison qu'il ait dit premierement, voir, puis sauoir : nous voulant en cela designer qu'il n'y ha sauoir plus certain que celui qui nous est acquis par la veuë, ce que mesme les arts Mathematiques n'ont oublié au comble de leurs louenges, qui pourautant à bon droit s'attribuent le loz de sciences sus toutes certaines, qu'elles ont l'oeil pour guide & gouuernal. Qui me fait dire, apres Horace en son art Poëtique, que les yeux surpassent tous autres

b   3   sens

sens de nature. Qu'ainsi soit, on ne peult nier que ce sens tant necessaire ne nous montre les differences de plusieurs choses, & que par luy nous paruenons à la comparaison de l'image quasi viue, auec la lettre demie morte. A raison dequoy l'homme ha esté des anciens Grecs nommé Φώς, que les Latins expriment en ce mot, vir, denominacion prise de la vertu, veu le grand & naturel desir qu'il ha de connoitre, & d'estre connu. Ce que bien & diligemment ha consideré le Poëte grec, lequel au commencement de son Odyssee introduit le sage & eloquent Vlysses, ayant veu plusieurs Villes, & connu les meurs & complexions des païs. Dont il est facile à inferer que la Peregrinacion nous cause sagesse, acquiert vn sens commun, & fait que nous ne semblions estre tousiours enfans. Veritablement ce desir & ardeur de sauoir ha incité & esmu Solon d'Athenes, Thales Milesien, & plusieurs autres Filozofes de grand renom d'aller en Egypte, laquelle ha esté du diuin Platon tant louee. Ie laisse à penser combien iadis la Perigrinacion ha esté estimee : Combien Dieu le Createur ayme les Viateurs, & comment ilz doiuét estre receuz. Cela est assez declairé tát en Genese, & Exode, qu'au Deuteronome. Que si les marchans & negociateurs, auec grand' diligence vont par tant de mers, par rochers, par feuz, par tous perils, pour acquerir cheuance, ou pour augméter leurs richesses, choses caduques, incertaines, & mises en la main & temerité de fortune, que doit faire l'hóme formé à l'image de Dieu, pour acquerir la possession de sapience, ornee (comme disent les Grecs) de quatre oreilles, pour auoir vertu, qui ne se peult iamais oter par force, ny desrobber, ny perdre par eaue, ny par feu? Les possesseurs de laquelle veritablemét sont seulz, riches : attendu que sus tous autres ilz possedent choses proufitables, & qui demeurent à

iamais

Gen.12
Leui.17
Exo.12
Esa.23

iamais. A quoy de plus fort, l'estat & condicion de sa creacion le doiuent animer. Parquoy i'ay eu à bon droit grand
desir & affeccion d'auoir connoissance des Regions & païs
lointains, non content de la France, à nulle autre seconde.
Car les meurs, & complexions des hommes sont communemét semblables aux Regions dont ilz ont pris leur naiſ-
sance : ce que bonnement ne pouuois enquerir, & connoitre estant en la France. Ie laisse deux autres raisons tant de
Dieu, que des hommes, dont procede la diuersité des esprits.
Et de tant que i'estois plus hors de soucy, & negoces necesʃ-
saires, lors plus ie desirois voir, ouir, & apprédre, pour auoir
connoissance des choses naturelles & ciuiles, à fin de viure
vertueusement : estimant au contraire, faillir par ignorance,
chose fort deshonneste, & viure meschamment, plus misera-
ble. Tout lequel mien desir de voir, & de connoitre, ha duré
long tems quasi sans proufit : Mais i'ay eu tousiours bon
courage, & meilleure esperáce, vraye nourrisse des humains,
iusques à tant qu'ay trouué (estant à Plaisance en Italie) feu
monsieur le reuerendissime Cardinal de Lorreine, homme
vertueux, & de bon sauoir, par l'autorité & faueur duquel,
i'ay eu l'opportunité de faire le voyage de Ierusalem. Vray
est que d'vn coté i'estois fort esbahi de m'eslongner de la
France, d'ou ie suis natif, pour m'accointer d'vne terre inconnue, & de gens infideles, ou ie n'esperois amitié, ny fiance
aucune, ou conuenoit changer d'habit, de meurs, & de langage. Ausurplus i'oyois plusieurs condamner perigrinacion,
comme chose inuétee du diable, & fort dommageable. Toutes ces circonstances au partir ont esté en mon entendemét :
mais la raison regente de l'homme ha resisté à ces discours
& contradiccions de l'esprit, si que à la parfin i'ay conclu, le
voyage de Ierusalem estre chose louable, & honneste aux
Chrestiens.

Chreſtiens:tenant pour reſolu que par tout l'homme peult
(cõme lon dit)eſtre en ſon pais. I'ay dõq(aydãt le Signeur)
ſuiui païs eſtranges, pour acquerir ſcience à l'exemple de
pluſieurs ſages Filozofes , qui, pour ſe rendre parfaits en la
connoiſſance de toutes choſes , trauerſerent iadis pluſieurs
lointaines contrees. Les plus celebres deſquelz furent Homere,qui ſuiuit toute la Grece : Licurgus,le païs des Lacedemoniens: Pythagoras,l'Italie:Apollonius,toutes les Barbares
nacions. Meſme Saint Ierome (pour ne nous regler du tout
aux Ethniques) afferme au Prologue des Saintes Bibles,que
plus expreſſement il venoit à Rõme pour voir les liures , &
trouuer les moyens de paruenir à ſciences , que pour ſe reſiouir d'aucun trionfe Rommain. Ioint que mon intencion
principale eſtoit de voir les lieux, ou premierement ha eſté
preſchee par le Sauueur la nouuelle de notre redempcion.
Iceluy voyage fut commencé au mois de Iuin,mil cinq cens
quarante neuf, auquel i'ay deliberé vous preſenter (Monſigneur.) ce qu'ay cueilli de tous cotez,touchant le cours des
lieux,le diuers vſage, & maniere de viure, qu'ay connu aux
nacions eſtranges par ou i'ay paſſé. A dire le vray , ie me
ſuis entremis d'une grand choſe, choiſiſſant vn ſuiet (ce me
ſemble) fort proufitable.Mais ie me ſuis auſſi perſuadé,auec
le Poëte François,que,

> *Le Laboureur ſus la terre infertile*
> *Ne picque beuf , ne charrue ne meine.*
> *Bien eſt il vray,que champ gras & vtile*
> *Donne trauail : mais plaiſante eſt la peine.*

> *De Mantouë.*   CHAP.   I.

OR pour plus approcher à la matiere , & venir au
voyage qu'ay propoſé traiter, Laiſſant Plaiſance,
prins mõ chemin pour aller à Mantouë, ville fort
antiq

depraue & corront son circonuoisin, en sorte que d'un à
autre il paruient à l'homme qu'ilz auront premierement ap-
perceu, duquel ayát inuadé & saisi les polmons, restreingnét
& serrent tellement l'artere vocale, que auec grand' difficulté
lui conuient parler. Dont nous auons tant en Theocrite,
qu'en Vergile, vn prouerbe commun, par lequel quand nous
voulons denoter quelcun estre fort enroué, nous disons,
il l'ha veu le Loup. Si quelcun par auanture trouue ceci difficile à croire, à sauoir que telles grosses vapeurs indigestes
& air infect puissent de loin paruenir iusques au corps humain: qu'il regarde & considere vu peu, ce qu'auient à vn miroir, lors que déns icelui quelque femme ayant ses fleurs, se
mire: certes il le verra non moins peu à peu deuenir maculé,
que nous voyons vne cheminee encores neuue & blanche se
noircir à la fumee du premier feu qu'on vient à y faire. Ie diray dauantage: que si le serpent appellé Basilique, (qui vient
communément en la terre Cyrenaïque) tue, & occit l'homme & autres animaux de son seul regard, à labordee, à raison
de l'air enuenimé par son sifflement, ainsi que recite Orus:
pourquoy douterons nous de ce, que Theocrite, Vergile,
Pline, Solin, & plusieurs autres bons auteurs ont dit, de la
susdite enroueure causee par la veuë du Loup? Certes il me
semble qu'en la solucion de tous problemes difficiles, on se
doit contenter, premierement de la raison, puis de l'autorité
des auteurs de renom, qui ont attesté par leurs escris en
auoir veu l'experience. Mais pour retourner, non à noz moutons, comme l'on dit, mais à noz loups: il est tout commun
que s'ilz se treuuent pressez de la fain, ilz mangent de terre.
Que si ilz connoissent qu'on les vüeille poursuiure, ilz s'arra-
chent le poil amatoire, & le bout de la queue. Outreplus ilz
craingnent fort la pierre, & le baton: car s'ilz sont blessez

d   d'une

d'une pierre, soudain les vers s'engendrent en la playe. Orus
dit, que si la Iument pleine frappe le Loup de son pié, ou
marche par ou il ha cheminé, elle auorte incontinent, ce que
les Egyptiens depeingnoiét pour lettre hieroglyphique, voulans signifier vne femme, qui auroit rendu son fruit deuant
le tems. Cest animal fut tant odieux aux Atheniens & tenu
pour si execrable, que assiduellement il lui faisoient la guerre.

Que silz en prenoient quelcun, ilz l'attachoient estroittemét
à vn arbre, puis à grans coups de flesches le faisoient cruelle-
ment mourir : ce qu'ilz tenoient pour vn tant singulier pas-
setems, que mesme Solon par ses Loix commandat expressement, qu'il fust donné à celui qui auroit prins vn Loup,
cinq drachmes, qui reuiennent à dixsept solz de notre monnoye, & à celui qui auroit prins vne Louue lui fust donnee
vne drachme, qui sont trois solz & demy. Les Loups ceruiers sont trop plus cruelz & furieux, que ceux dont auons
maintenant

maintenant parlé. Et de ceſte eſpece on en vid vn en France ny ha pas long tems, lequel ſortant de la foreſt d'Orleans,
au païs de Berry, Lan mil cinq cens quarante huit, deuora
pluſieurs perſonnes : lequel fut tué par vn Gentilhomme
Huiſsier de la chambre du Roy, nommé Sebaſtien de Ra-
butin, ſigneur de Sauignr. Or n'eſtoit toutefois ledit Loup,
(comme ledit Signeur m'a dit, moy eſtant à Fontainebleau
Lan mil cinq cens cinquante quatre) ſemblable à noz
Loups communs, mais auoit le poil tirant ſur le Leopard.

Des Transformacions.　　　　C H A P.　　V I.

E V E V X noter vne choſe (Monſigneur)
laquelle à mon iugement ne vous deplaira
point. Aucuns ont ouy dire, & le croyent,
que les hommes ſe peuuent transformer en
Loups, & lors ſont nommez par d'aucuns
Loups verouz. Ce que certes i'eſtime faux, ſinon que nous
vouluſsions aiouter foy à toutes fables, & icelles (combien
que nous voyons l'experiéce au contraire) tenir pour vrayes.
Quant à notre foy catholique, il n'y ha point de doute, que
telle imaginatiue apprehenſion ne ſoit vn droit ſonge, vn
tranſport & alienacion d'entendemét, ou bien quelque vai-
ne eſpece, & illuſion diabolique. Demandera quelcun, Que
ſemble donq de ceci aux Ethniques, qui ont feint tant de
transformacions ? car le bruit (comme on dit communement) n'eſt pas ſemé ſans cauſe : Ie reſpons qu'il s'en peult
trouuer, qui, pour auoir l'imaginatiue viciee & corrompue,
ſe perſuadent qu'ilz ont forme de loup, cóme celui que Galien recite auoir gueri, auquel lon ne pouuoit oter de l'apprehenſion & fantaſie qu'il ne fuſt vn pot, encor' qu'on lui
demontraſt par toutes raiſons qu'il eſtoit homme. Mais de

dire qu'un corps se peult transmuer en vn autre de diuerse
nature sans alteracion, ou plus tot corrupcion de sustance,
ce seroit destruire & du tout en tout abolir tout ordre &
tous principes de Nature. Parquoy quand les Poëtes ont fait
mencion de quelques mutacions d'vn corps en autre, il faut
diligemment pōderer le sens & intencion de l'auteur, & nō
s'arrester seulement aux diccions poëtiques: car pour certain
telles transformacions, & metamorphoses s'entendent des affeccions humaines, & de l'ame, qui se transmue en maintes
sortes de vie. Qui soit ainsi, voyez comment Zoroastes,
(duquel est issue toute la sapience des vieux theologiens) en
parle. Les bestes feront, dit il, leur habitacion & demeurance
en ton vaisseau, sauoir est, en ton corps. Si donq en notre
corps habitent les bestes, en verité nous nous transmuons
d'hommes en bestes, & derechef de bestes en hommes, inte-
rieurement & non d'vne apparence exterieure: quelle transformacion procede de l'ame. Tellemēt que l'homme se rend
beste brute (& non autrement) quand il transgresse la loy
de Dieu, & de Nature. Car à la verité, le cuir ne fait pas les
Iuments: mais l'ame vegetatiue, & sensitiue. La face & apparence humaine ne fait pas proprement l'homme: ains la raison, le droit iugement, la raciocinacion. La sequestracion du
corps ne fait pas l'Ange, mais l'intelligence spirituelle. Ainsi
se doit entendre la palingenesie Pythagorique, faite par om-
brages, comme parloit le Signeur à Moyse, au Leuitique
x x i chapitre. Toutefois Euantes, & Agriopas conferment
la transformacion corporelle: par l'opinion desquelz plusieurs idiots se trompent, & s'abusent. C'est grāde chose que
les Grecs croyent si de leger. Mais là est le malheur, quil n'y
ha mensonge si grande ny tant effrontee, qui ne trouue tes-
moins & defenseurs de son impudence. Vray est quil y ha

vne

παλιγγε-
νεσία,
regene-
racion.

vne espece de melancolie, qui s'appelle en Grec Lycanthro-
pia,& ceux qui en sont atteins sont nommez des Latins Li-
caones: & par les Grecs,Lycanthropi,pource qu'en leurs ge-
stes ilz semblent ensuiure les loups. Car ceste maniere de
gens ainsi passionnez, sautent, courent, & vagabondent de
nuit,& iusques au iour demeurent entre les sepulcres & mo-
numens: mais ce n'est pas transmutacion corporelle.

Des Ours. CHAP. VII.

ET POVRCE qu'il y ha abondance d'Ours
en ce païs là, (veu que presque tous sont vétus des peaux d'iceux) ie suiuray en ceci les
mouches à miel, prenant ce que me semble-
ra meilleur & plus digne d'estre redigé par
escrit, nous conformant au prouerbe commun.Peu,& Bon:
qui latentement nous designe mediocrité (vraye perfeccion
de toutes noz accions) deuoir estre gardee en toutes choses.
Les Ours donques en yuer couurent les Ourses, & se couplent couchez, en la mesme sorte & maniere que l'homme
auec la femme.La femelle engendre le xxx.iour apres qu'elle
ha conceu pour le plus cinq petis Ours, lesquelz sont plus
imparfaits que ceux de la Lionnesse,à raison de la portee &
produccion d'iceux precipitee. Car elle les produit en mode
d'une piece de chair caillee,blâche,sans poil,sans yeux, ayant
seulement apparence d'ongles , laquelle petit à petit elle res-
chauffe , & leiche de sa langue , tant qu'elle prend forme de
membres , puis d'un Ours tout parfait. Iceux s'engressent à
force de dormir,ie vous di d'un dormir tel,que les quatorze
premiers iours ilz dorment si profondement , qu'il n'y ha
homme qui les puisse esueiller,encor' qu'il les batte,ou blesse
asprement. Ilz sont souuent tourmentez des yeux: qui est la

cauſe principalle qu'ilz deſirent manger le miel qui eſt dens
les ruches : à fin qu'eſtans piquez & mords des mouches, la
gorge bien gerſee & eguillonnee leur ſeigne. Car il n'y ha
meilleur moyen ny remede, pour ſoulager le cerueau chargé, & les yeux aggrauez d'humeurs. Ceci fait beaucoup pour
ceux , qui penſent que les beſtes ayent raiſon. Ce qu'ia eſté
pluſieurfois debattu entre gens lettrez , & de bon ſauoir.
Or ha eſté ce genre de beſtes tenu iadis en grand pris, & de
grand requeſte pour ieux publiques , & ſus tous entre les
Rommains: ainſi que nous liſons que du tems que M. Piſon,
& M. Meſſala eſtoient Conſulz, Domicius Enobarbus eſlu,
& inſtitué en l'office d'Edile, (qui eſtoit le premier honneur
d'un citoyen Romain, & deuant lequel office on ne pouuoit
paruenir aux autres plus hautes dignitez) à ſes propres coutz
& deſpens fit vn grand, & ſomptueux appareil deſdis Ours,
pour certains ieux accoutumez eſtre exibez par les Ediles en
faueur du Peuple, de ſorte qu'il preſenta pour lors en publiq
ſpectacle cent Ours Numidiques, & cét chaſſeurs Ethiopiés:
qui lui tourna à merueilleux honneur, grande beneuolence
& applauſion populaire. Pline toutefois ſe ſmerueille de ceſte
addicion (Numidiques) diſant au Liure huitieme tant au
chapitre trenteſixieme , qu'au penultime , qu'il n'y ha point
d'Ours en Afrique. Mais Solin, Marcial, Iuuenal, & pluſieurs
autres bons auteurs teſmoignent le contraire.　Vray eſt que
nous pourrions croire à Pline, à l'exemple de pluſieurs autres:
attendu qu'il y ha quelque apparence de raiſon. Mais vrayement les Atheniens furent en ceci merueilleuſement diffe-
rens aux Rommains , qui de telle ſorte eurent en haine ce
genre d'animaux, qu'ilz ne ceſſoient iour & nuit de les pourſuiure & chaſſer auec grandes fourches, les vnes de bois bru-
lees au bout, les autres de fer. Pour à quoy eſtre renduz plus
animez,

animez, celui qui en pouuoit prendre, ou tuer quelcun, eſtoit par la Signeurie exempté de pluſieurs ſubſides & deuoirs deuz. Les Eſclauons ont autre maniere à les prendre : car ilz font certaines profondes foſſes, ou ilz les attirent par trainees & autres ruſes, & là eſtre tombez, les maſſacrent & les tuent. Pour ne rien oublier qui puiſſe apporter quelque proufit au Lecteur, nous n'auons voulu obmettre vn couple de prouerbes tirez du naturel deſdis Ours, deſquelz quelquefois nous pouuons vſer pour donner grace à notre langage. Le premier, *Quand l'Ours eſt preſent, tu cherche la traſſe:* de quelle façon de parler les Anciens vſoient pour taxer ceux qui pour crainte laiſſans à faire hautes & grandes choſes,

ses , s'addonnoient à negoces de petite valuë : chose grandement repugnante au deuoir de l'homme. L'autre , *il ne faut
manier le né d'vn Ours fumant.*Lequel nous enseigne de n'ir-
riter l'homme qui peult porter d'ommage & nuisance. De
narrer ici plusieurs autres proprietez des Ours, il me semble
que ce ne seroit que attedier le Lecteur, & perdre tems:
veu que ce n'est notre propre suiet.Parquoy ie m'en deporte,
laissant toute ostentacion.

*De l'assaut & combat que nous eusmes sus Mer par
les Turqs.*   CHAP. VIII.

Rhaguse.

D ONQ SVIVANT notre propos, nous
pensions aller peu de iours apres en vne ville
nommee Rhaguse , ville sus les fins d'Esclauonie à riue de mer,entre ladite Esclauonie,
& Andrenapoli , tributaire au grand Turc:
toutefois est Signeurie particuliere, & qui ne reconnoit aucun superieur,& est tres marchande:les habitans de laquelle
sont debonnaires & gracieux, ne tenans rien de l'Esclauon:
aulsi ne veullent ilz iamais s'auouer pour Esclauons. Mais la
Mer bonasse & sereine,retint en haute mer le cours de notre
Naue, singlans tellement pour la grande serenité de tems &
opportunité du vent que nous auions (ce que plus souuent
est desiré des voyagers que rencontré, & le faut emploiter
quand il auient) que nous fusmes veuz de loin de certains
Coursaires Pirates,& escumeurs de mer,Turqs:Lesquelz ayás

*Insult des
Pirates &
Coursaires.*

cinq vaisseaux, comme fustes & galiotes, bien munies, vindrent alencontre de nous,pour nous prendre esclaues,& rauir ce qui estoit dedés la Naue : mais quand nous les vismes
nous commençames de nous preparer à combattre:tellemét
que quád ilz furent pres de nous vn get & demi d'arbaleste,

le Cap

le Capitaine monſieur Canalet, homme ſage, prudent, &
bien entendu en ceſt affaire, commanda aux Bombardiers
mettre feu en l'Artillerie.Ce que fuſt promptement executé:
car incontinent le plus vieil des bombardiers mit le feu en
vne piece commune, laquelle ne peut arriuer iuſques aux
vaiſſeaux deſdis Courſaires: à peine fut elle deſchargee,
quand vne des galiottes deſſerra contre nous, & ne faillit de
frapper la proüe de notre Nauire. Adonq le Capitaine, &
le Patron commanderent aux Bombardiers mettre feu. Et
quant & quant, en vn inſtant furent deſſerrees cinquante
pieces d'Artillerie, ſans les Canons, que nous reſeruions ſi *Magnanimē*
d'auenture ilz euſſent abordé notre Nauire. Voyant donq *reſiſtēce con-*
ces eſcumeurs de mer l'air ſi plein de flambe, le bruit, & pa- *tre les Cour-*
reillement la hardieſſe que nous auions en nous defendant, *ſaires.*
prenoient auſsi courage en leur endroit de nous bien ſaluer
à force coups de canonnades, tellemēt que lon n'euſt pas ouï
tonner:choſe fort effrayable, & qui eſtoit aſſez pour s'eſtonner. Ce combat dura l'eſpace de deux heures: Puis leſdis
Courſaires cōnoiſſans aſpre notre defenſe alencontre d'eux,
& que leur vireuoſtes & brauades ne proufitoient de gueres
contre noz forces, auſsi que non facilement, ny ſans eſtre
bien eſtrillez ilz n'en pouuoient venir à bout : ioint que le
Soleil commençoit ia à laiſſer la plaine pour ſe retirer aux
cotaux plus lointains, s'eſlongnerent de nous & prindrent
autre route.Sur les neuf heures de ſoir nous euſmes vēt propre,& mer calme,tellemēt que paſſames pluſieurs Iſles,com
me Corfou,ville forte & bien munie de gés de guerre,qu'on
appelle en langue Latine Corcyra: plus l'Iſle de Legente, &
pluſieurs autres bien renommees, & fameuſes, nous eſlon-
gnans touſiours des riuages, & plages, tenans le fil, & profond de l'eaue, pour crainte de telz ſuſnommez eſcumeurs

e   de mer

de mer. Adonq vifmes les rochers perilleux, qu'Horace appelle Acroceraunia, entre la montaigne Pindus, & Corfou.
Le dixhuitieme de Iuillet nous arriuames en la Frefquie, qui
eft vn port loing dix milles, ou enuiron de Candie. Là nous
prinmes terre & defembarquames bien cent perfonnes de
noz nauires pour prendre air, & recreacion, laquelle nous
eftoit fort aggreable & neceffaire, pourautât que l'efprit apres
tel refrefchiffemét eft beaucoup plus efueillé, mefme les vertuz naturelles eftre refocilees par intermiffion moderee, font
plus fortes au labeur, qu'au parauant. Ce mefme iour nous
arriuames en Candie bien ioyeux, & allaigres, ou fumes receuz, & traitez humainement.

De Candie. CHAP. IX.

RETE, Ifle fuiette aux Veniciens (diftante
de Rhodes trois cens lieues, & de Modon
cinquante : que lon appelloit premierement
Eria, puis apres Curetis, & Macaros, c'eftadi-
re Ifle fortunee, à raifon de l'air bien attrem-
pé, d'ou elle eftoit aufsi parauant dite Eria, comme Egypte)
fe nomme pour le iourd'hui Candie, du nom de la principalle ville ainfi appellee. Pline, & Solin hommes de grand
iugemement & fauoir difent, que cefte Ifle fut appellee Cre-
ta du nó d'une Nymphe, qui s'appelloit Crete, fille de Hefpe-
ris, ou bien d'un filz de Iuppiter Roy des Candiens, qui fe
nommoit Curetes, lequel leur auoit montré & enfeigné vne
maniere de fauter, & dancer, qu'ilz appelloient Pyrrhique,
pource que fon Peuple tout armé fautoit pour euiter les
trets, & euader les hayes, & clotures. Quant à la fituacion
de cefte Ifle, elle eft en la haute mer, ayât du coté de Septentrion la mer Egee, & Cretique : deuers le Midy la mer Li-
byque:

byque:du coté de l'Occidét l'Isle d'Egila,& de Cithere. Deuers l'Oriét,l'Isle de Carpathos. De largeur elle ha cinquante mille pas : de longueur deux cens septante mille : de circuit cinq cens quatre vints neuf mille pas : ceste Isle est entre toutes autres fort renommee,nō seulement pource qu'on
y ha veu autrefois en vn mesme tems cent villes habitees,
ains à raison de plusieurs fables,& ficcions poëtiques , qu'en
recite Mela en son second Liure. Maintenant les villes de
ladite Isle sont Candie,l'Enee,& Retimo. Candie,ville prin
cipalle est de fort belle montre & apparence par dehors , &
est habitee de plusieurs honnestes gentishómes Veniciens,
qui font le seruice de Dieu en langue Latine : Les autres à la
mode des Grecs : Le commun populaire,comme sont rusti-
ques, & gens de village, font tous à la maniere des Grecs. Il
n'y ha en Candie aucune beste venimeuse, ni portant dommage,comme Serpens,Scorpions,Sangliers,Loups,Renards,
Ours, hors mis vne espece d'araignes, qu'on appelle Phalan-
gion. Mais il y ha vne herbe nommee Phalangites,ou Leu-
cacantha , laquelle sert contre la piquure , & venin de ceste
Araigne. Il y croit vne maniere d'herbe appellee Alimos,
laquelle si lon mange elle supporte la faim fort long tems,
voire beaucoup mieux (comme disent les habitans du lieu)
quĕ si lon mágeoit beurre,ou qu'on se serrast le ventre auec
ceintures larges,ou bien qu'on iouast aux dez, (comme recite Herodote pere des Historiographes.) Il s'y recueille peu
de blé : mais il y ha en recompense grand' abondance de
tresbons vins, comme tesmoignent les Epithetes poëtiques,
& l'experience oculaire : semblablement de tous fruits,com-
me poupons,melons,pesches,noix,amendres,poires & pommes , combien qu'ilz sont fort dangereux à ceux qui ne les
ont accoutumez. Ainsi ce qui defaut d'un coté , Nature en

e   2   autre

autre endroit le recompenſe. Or procede ceſte fertilité, &
excellent vignoble des mõtaignes, ou la terre eſt merueilleuſement propre, & aiſee à porter de ſi frians vins. Brief, l'opinion ha eſté toufiours telle, que tout ce qui vient en Candie
eſt trop meilleur ſans comparaiſon, & de beaucoup plus excellent, que ce qui vient d'ailleurs : en ſorte que le plant de
Maluoiſie porté en Candie (au dire de pluſieurs) ha bruit
d'eſtre ſus tous autres meilleur. A ſix milles pres de la ville
de Candie y ha vne montaigne ſurnommee de Iuppiter,
ainſi appellee, pource qu'ilz diſent que le ſepulchre d'icelui
eſtoit là : & de vray, il y ha de belles antiquitez, & grande
abondance de Cyprés. A mon iugement c'eſt la mõtaigne
d'Ida, ou fut né & nourri Iupiter : combien que aucuns diſent que c'eſtoit en Arcadie. Ie laiſſe les autres montaignes
qui ſont nommees blanches, à cauſe des neiges qui y ſont
toufiours, tellement que ceux qui nauigent, de loing penſent
voir des nuees. Pres de Cortyna, en ladite Iſle, le beſtail paiſ-
ſant n'a point de rate : & ce à raiſon d'une herbe qui la di-
minue : de ceſte herbe ſe ſeruent les Medecins quand ilz
veulent donner remede à ceux qui ont mal de rate, laquelle
ilz appellent de ſon effect, Aſplenon. Quant eſt de leur façon
& maniere de viure, ici faut conſiderer trois tems. Au commencemét ceſte Iſle ha eſté habitee par gens ſauuages, & fort
cruelz : leſquelz Rhadamanthus reduiſit à meurs plus ciuiles :
depuis ſuruint Minos, qui leur enſeigna la maniere de viure
ſelõ iuſtice & equité, laquelle fut tant priſee & tenue equita-
ble, que le diuin Platon recite les Grecs (meſmement les Lacedemoniés) s'eſtre appropriez les Loix & coutumes d'iceux
Cretenſiens. Toutefois ne voulans eſtre trouuez auoir emprunté des autres naciõs, changerét les vocables en pluſieurs
endrois. Car les Laboureurs, qui eſtoient appellez des Candiens

diens Periœci : furent par eux nommez Elotæ. En Candie
les Magiſtrats ſe nommoient Coſmi : ilz les nommerent
Ephori, comme Tribuns à Romme. Mais tout ce bon gouuernement n'a pas duré long tems, ayant eſté abbatu tant
par Tirans, que Pirates & larrons de mer : auec ce, que de
bonne terre cattiues gens: les habitans de celle contree eſtans
rudes, ſuperbes, & malins : & n'eſt pas de ceſte heure, veu que
deſia S. Paul (à Tite premier chapitre) vſoit de ces termes
en leur endroit: Candiens menſongers, mauuaiſes beſtes, ventres pareſſeux, les taxant de menſonge, fraude & oiſiuité, pechez odieux aux hommes, & abominables deuant Dieu.
Parquoy à bon droit ont eſté faits de ceſte nacion pluſieurs
prouerbes, denotans leurs mauuaiſes coutumes & indignes
façons de faire. Iadis les Candiens auoient accoutumé de
combattre les vns contre les autres, & liurer aſſaux au ſon
des haubois, harpes, & fifres. Pluſieurs de celle nacion pour
le iourdhui ce diſent eſtre Chreſtiens : mais ie ne ſay comment: Car ilz ſont grans hypocrites, ſemblables aux ſepul-
cres blanchis par dehors, & puants dedés. Et ſi les ruſtiques
& gens de village ſont meſchans & deprauez, leurs Preſtres
ſont pires : leſquelz ſont vétuz en la maniere que pouuez
voir en la figure ſuiuante, portans barbes fort longues, & les
cheueux iuſques à la ceinture, pour autant (ce diſent ilz) que
le Redempteur du Monde les portoit ainſi : eſtans Chreſtiens de mine, & ſouz apparence d'habis ſimples, au demourant tres malicieux. Ce que permet ce Souuerain Dieu (bon
& iuſte en toutes ſes euures) pour leur ingratitude, commen-
çant à eux, d'autant qu'ilz ont eſté par lui en plus grand
honneur conſtituez. Reſolucion ceſte nacion eſt la plus
meſchante, la plus chagrigne, & plus outrageuſe aux eſtranges, qu'aucune autre de toute la Grece. Ce que i'ay veu de

Candiens
mauuais
peuple.

e 3   mes

mes yeux,lors qu'vne Nauire de Marſeille arriua en vn lieu
nommé bon port (duquel eſt faite mencion aux Actes des
Apotres.) Aucuns de ladite Nauire prindrent terre , à fin
d'auoir eaue, pain & cher , pour leur argent: à quoy ne furent ſeulement refuſans les Candiens,mais ces gens ruſtiques
& barbares , ſe vindrent ietter ſus ceux qui auoient prins
terre , & commencerent les aſſaillir à coups de fleſches , de
ſorte qu'ilz en tuerent & bleſſerent pluſieurs : Aux autres
qu'ilz peurent prendre à la courſe , leur firent plus de maux,
que

que n'euſſent fait les Arabes, ou Tartares. Parquoy non
ſans cauſe iceux Candiens ont autrefois eſté appellez Tel-
chines, qui vaut autát à dire, comme gens de mauuais eſprit,
addonnez à toute decepcion & meſchanceté, menans vne
treſmeſchante & du tout deſploree façon de viure, qui cauſe
en eux vn merueilleux deſir de liberté. Car ilz ſont tellement ſerfs aux Veniciens qu'ilz ne poſſedent ne iouiſſent
ſinó de ce qui leur eſt de grace concedé par leſdis Signeurs.
Or ont ilz les longues barbes en ſi grande recommandacion que les contraindre à icelles raire, ou copper, leur eſt vn
ſupplice & ignominie nó moindre que ſi on leur faiſoit copper le né, ou les oreilles. Et de fait, pour lors que i'eſtois en
ladite ville, ie viz condéner vn Candiot, qui auoit donné vn
coup de fleſche à vn autre, à auoir la barbe abbatue & raiſe
en place publique. Ie ne veux obmettre la grande quantité
de Perdris qui eſt en ladite Iſle, auſſi pluſieurs Faucons &
Laniers, qui ſont de beaucoup meilleur méne que ceux
d'Afrique.

Des tremblemens de terre audit païs de Candie.

C H A P.   X.

EST choſe memorable que ceſte Iſle eſt fort
ſuiette à tremblement de terre, de ſorte qu'il
ſemble que d'heure à autre doiue eſtre en-
gloutie. Ie fuz interrogué d'vn Venicien d'ou
pouuoit proceder tel mouuement de terre, &
s'il eſtoit naturel. Ie lui fiz ceſte reſponſe, que pluſieurs Auteurs bien renommez auoient eſcrit de ſemblables accidens.
Neantmoins pour le contenter, ie lui dis que l'opinion d'A-
riſtote (qui tres doctement ha eſcrit de ces choſes) eſtoit, que
le Soleil & les Aſtres, enſemble les exhalacions venteuſes en-
cloſes

cloſes dens la terre, cauſoient & produiſoient tel tremblemét,
& quil ne ſe failloit amuſer aux iugemens d'Anaxagoras &
d'Anaximenes, comme n'ayans en ceſt endroit aucune efficace. Quant aux Rommains ilz conſeſſoient treſbien quilz
eſtoient ignorans de ceſte cauſe. Plus ie lui allegois les Babyloniens auoir eſté d'opinion que les Aſtres eſtoient cauſe
efficiente de ce tremblement: en quoy toutefois ilz laiſſoient
le principal, à ſauoir, tout tremblement de terre proceder des
vents enclos en la terre. Finablement apres auoir recité pluſieurs raiſons des Anciens, ie lui en dy la mienne, à ſauoir,
que le vray motif & cauſe peremptoire de tel tremblement,
eſtoient certains vents muſſez dens les veines & cauernes de
la terre, leſquelz taſchans en toute violence de ſortir cauſoiét
tel mouuement, de ſorte que tel eſtoit le tremblement en
terre que le tonnerre au ciel, la force des vents froiſſant tout
empeſchement. Dont nous voyons que iamais la terre ne
tremble (comme Pline teſmoigne) que le ciel ne ſoit tran-
quille & appaiſé. Aucuns des habitans cuident parfaitement
quil y ait vn eſpece de diables qui cauſent telz tremblemés.
Si eſt ce que bien ſouuent tremblement de terre (pour ren-
ger toutes noz opinions & raciocinacions ſouz le ſaint vouloir & inſtructable prouidence de ce bon Dieu) nous ſignifie quelque choſe malheureuſe, & dommagable : ce Souuerain moderateur de toute choſes ainſi le permettant pour
nous auertir & eſguillonner, à changer notre meſchante
vie à vne meilleure: De ceci nous auons pluſieurs exemples,
premierement entre les Ethniques celui merueilleux qui
auint pres le Lac Traſymene, vn peu auant que Annibal
ſurmontaſt l'armee des Rommains, eſtant pour lors Flami-
nius chef & General de ladite Armee: & vn autre non
moins eſpouuentable auant la guerre ſociale. Pareillement

Ce lac s'ap-
pelle pour le
iourd'hui lac
de Peruſe.

ſouz

souz Charles settieme, Roy des François, fut causé par diuine permission vn mouuement de terre en la Pouille , & autres regions des Grecs circonuoisines. Peu de tems apres Machomet Empereur des Turqs , print Constantinoble, mettant tout à sac & en ruïne les Chrestiens qui estoient dedens. Or est il à obseruer que selon la portee & abondance des vents , & selon la difficulté de l'issue d'iceux quand
se sont lieux pierreux & de rochers, ledit tremblement dure
plus, ou moins de tems, estát quelquefois tát violent & si im-
petueux quil renuerse par terre Villes, Chateaux, bourgades,
voire quelquefois toute vne contree. Comme nous lisons de
douze villes d'Asie du tems que Tyberius estoit Empereur
des Rommains : mesme en France , & en Auuergne , Lan
mil quatre cens nonante, vn tremblement de terre dura l'espace d'un mois entier. Ceci voyans lesdis Candiens, batissent
leurs maisons toutes de pierres, & les font à voulte, & en maniere d'arc : puis les couurent pareillement de pierres en maniere de plateforme , disans que ceste sorte d'edifice est fort
bonne contre tremblement de terre : ce quilz peuuent auoir
apprins de Pline en son secód Liure. Or apres auoir demeuré en ladite isle de Candie par l'espace de quatre mois , fut
questió de passer outre, mais pource que la naue sus laquelle
ie m'estois embarqué à Venise ne tiroit la route de Ierusalé,
ains s'en alloit de Candie en Chipre , ie me transportay en
Alquenee, seconde ville de Candie, ou de fortune ie trouuay
vne Nau Geneuoise, le patron de laquelle vouloit faire voile
en Chio pour charger du blé. Toutefois ayant esté auerti
que Salarré coursaire du grand Turq auoit prins six naues
geneuoises, qui alloient audit lieu pour mesme fait, seiourna
en Alquenee, port bó & seur. Huit iours apres ayant entendu que le grand Turq auoit fait rendre lesdites naues aux

f   Geneu

Geneuois,il print courage : si que m'estre embarqué auec lui
il desancra & fit voile la veille de Toussains, encor' que les
vents ne fussent du tout propices , ains en partie contrai-
res. Le troisieme iour du mois de Nouembre nous eusmes
le vent bon , & droit en pouppe : mais le pilote & conducteur de la nau , voyant que le vent n'estoit pas pour durer
long tems, nous conduit en vn beau & amene port,nommé
Milo,qui est au Duc de Nexie : ou apres auoir ancré,le huitieme dudit mois , nous fusmes dix qui primes terre , &
descendimes de notre vaisseau. Ceste Isle nommee par les
Latins,Melos, est nombree entre les Cyclades, en laquelle se
trouue abondance de tresbon Souffre, & de bon Alun. Les
gens de ceste Isle sont tous Grecs , certes trop plus humains
& gracieux,que les Candiots. Nous demeurames trois iours
audit lieu attendans bon vent & propice pour nous conduire iusques à Chio. L'onzieme iour dudit mois sur les
quatre heures apres mydi,nous leuames les ancres , & aban-
donnames terre auec bien peu de vent, iusques à trois heures apres minuit, que se leua vn vent fort aggreable & tel
que desirions, lequel iamais ne nous laissa iusques à l'Isle de
Chio,ou nous pretendions aller.

De l'Isle de Chio.   CHAP.   XI.

CHIO , est vne Isle appartenante aux Geneuois,situee entre Samos & Metelin, ayant de
circuit cent vintcinq mille pas. Isidore aioute neuf mille. Iadis ceste Isle estoit appellee
Aethalia , puis Macris , Pityusa , auiourdhui
Chios,du nom d'une Nymphe,ou fille d'Oceanus,nommee
Chione : ou bien à raison des Neiges estans sur les montaignes dudit lieu. Il y ha grand' abondance de tresbons
vins. Mesmes celui du promontoire d'Aruoise ha esté tant
estimé

χιὼρ neige.

estimé,qu'aux banquets des Rommains ne se versoit à boire
d'icelui qu'vne fois,comme pour faire bonne bouche.Si que
les bõs Auteurs n'ont obmis attribuer à Cesar pour non pas
petite l'ouenge de magnificence,qu'en ses trionfes il eut dõn-
né dudit vin de Chio,largement & sans mesure.Theopom-
pe recite que la maniere de faire gros vin rouge,ou vermeil
parauãt incõnue,ha esté trouuee en Chio. En ceste Isle y ha
de lieux fort plaisans,ou annuellement se produit le Mastic,
qui est vne espece de gomme qui sort de petis arbrisseaux:
chose en verité digne d'amiracion. Que diráy ie des Iardins? ie croy en bonne foy que ceux que les Anciens ont
tant louez ne furent iamais egaux à ceux de Chio, qui pour
leur beauté & delices sont tant estimez , que mesme les nacions estranges se tiennent bien heureuses d'en auoir seulement la veuë.Ie laisse à parler du blé dont suffisamment elle
abonde:semblablement du Cotton, & d'une espece de Fro-
ment, nommé Amydon: qui fait que plusieurs Turqs , &
Iuifz y traffiquent, ioint, que c'est vn bon,& grand passage.
Car tous ceux qui vont en Caranie , Natolie , Rhodes , en
Syrie,Egypte,Afrique,ou en plusieurs autres regions,passent
à Chio. Ie me taiz du Marbre qui est ceste Isle,de si grand
beauté & excellence,que ceux des autres pais ne sont rien au
regard de cestui là : combien que le Marbre blanc de l'Isle
de Paris Ciclades,ait esté fort en vsage,& de grand pris. Or
ne véux ie mettre en oubli l'hõnesteté des habitans de l'Isle
de Chio. Vray est qu'aucuns Auteurs les ont notez,comme
lascifz , & deshonnestes : mais il est impossible de plaire à
tous , car ce que l'un approuue , l'autre condemne : tant est
grande l'inconstance des humains.Quant à mon iugement,
& à ce que i'en ay veu, il n'y ha nacion, soit en Chrestienté,
ou autre part(que i'aye connue)plus secourable,ne qui auec

f 2   plus

plus grande ciuilité s'offre à faire plaisir : certes ie n'en sa-
che point de plus honneste, de plus gracieuse, ne qui caresse
de meilleur cœur , ny de meilleur visage , que font ces gens
là. Les Dames d'apparence & d'honneur , & qui font bien
douees d'excellens dôs de nature, font de leurs maris auouees
à faire bon racueil aux estrangers , & principalement aux
François, ausquelz il est permis de deuiser priuément auec
elles en langue Geneuoise , sans crainte quelconque. Car la
chasteté des femmes de Chio, n'est pas moins renommee,
que celle de Padouë, cité en Lombardie bien fameuse : tellement qu'elles aymeroient mieux n'auoir iamais esté nees, que
de fouler en rien la moindre part de leur honneur : vertu
qu'on ne sauroit assez extoller en vne femme : & en est la
louenge d'autant plus auguste & plus celebre , que telz lieux
de delectacion & plaisance , donnent volontiers occasion
de faire du contraire , non seulement aux femmes, mais à
toutes gens, & de tous estats : comme ha tresbien noté Marcial en ces Epigrammes. Parquoy souuentefois par moy sera
loué, Eupolis Poëte bien renommé, qui ne voulant la vertu
estre frustree de sa louenge, chante ainsi de ceste Ille, & nacion tant bien nee : αὐτὴ Χίος καλλὴ πόλις, c'estadire,
Chio ville belle plaisante & gracieuse. Ceste nacion (comme
vous ay dit) est suiette aux Geneuois, & tributaire au grand
Turq , pource qu'elle est sur ses païs & limites. En quoy ie
m'esbahis qu'vne telle Isle regne si long tems, riche, belle, &
constante en l'integrité de sa vertu parmi les Turqs , sans
estre corrompue par le fast , par l'arrogance , la lasciue , ru-
desse, cruauté, & qui plus est à craindre, par l'impieté & fausse
religion d'iceux. A la verité, c'est vne chose qui semble estre
non moins incredible, qu'impossible, que la brebis puisse viure paisible entre les loups. Veu que les Turqs (comme vn
chacun

chacun ſcet) ſont ennemis mortelz de la Chreſtienté:ce que
le nom conuenant aux choſes , de prime face nous demontre. Aucuns auteurs Grecs diſent que les habitans de Chio
ont eſté les premiers inuenteurs d'acheter ſeruiteurs auec argent, car parauant on vſoit de permutacion : dont nous liſons que les Thraces achetoient ſeruiteurs en tournant du
ſel : ceux de Lemnos pour du vin : comme dit le prince des
Poëtes Grecs Homere. Maintenant vne partie de ceſte Iſle
fait le ſeruice diuin à la mode Latine , l'autre à la Grecque.
Or eſtant là l'eſpace de neuf iours, ie venois, i'allois, attendât
& regrettant le tems propice à parfournir mon voyage:ores
ie côſiderois quel vent dominoit en mer:tantot ie me tranſ-
portois au riuage,ou les habitans du lieu diſent,que Theſeus
laiſſa iadis Ariadné : combien que Ouide en ſa Metamor-
phoſe au huitieme Liure, dit, que c'eſtôit en vne Iſle nômee
Dia, ou Naxos. Brief, i'attendois d'heure en heure en ce lieu
quelque vaiſſeau qui fit voile à Conſtantinoble : ce que iamais ie ne peu rencontrer. Ainſi la demeuree fut plus lôgue,
que ie ne cuidois. Toutefois ainſi que i'eſtois attendant &
eſperant de trouuer quelque nau,preſsé,Dieu ſcet comment,
de la peine ou ſont tous attendans : il ſuruint de fortune que
la Signeurie Geneuoiſe enuoyoit de ce lieu vn Embaſſadeur
pour porter le tribut de ladite Iſle au grand Turq(qui môte
à douze mille Ducaz). Or eſtoit ledit Embaſſadeur de tous
reputé homme non moins plein de grande prudence, honneſteté,& vertu : que de nobleſſe,humanité,& beneuolence
enuers vn chacun. Dont il me print vn merueilleux deſir
d'auoir quelque accez à vn perſonnage tant debonnaire:me
reputant pour bienheureux de pouuoir exploiter mô voyage ſouz l'aueu, & aſſuré ſaufconduit de ſon autorité & lega-
cion. Donques ſes preparatiues faites , & que l'heure de ſon

f 3   depart

depart fut venue nous nous embarquames, & fimes voile à
Conftantinoble. Toutefois le vent nous fut contraire:& qui
nous venoit plus mal à propos, il n'y auoit homme au Nauire, qui feuft conduire le Timon, ou connoitre la carte de
nauiger. De forte que fumes côtrains abandonner les rames
& auirons,& laiffer aller notre nauire au gré du vent,& à la
merci de la tourmente:Et qui eftoit affez pour s'eftonner, ce
vent tant contrarieux (au iugemét de tous)eftoit la tramon-
tane,dite par les Latins Typhonicus, fus tous autres violent
& tempetueux,extremement perilleux fus mer,& qui plus la
fait enfler. Ledit vent fouffle de la partie du haut Orient,
participât d'Eurus, vent d'Orient equinoctial,& d'Aquilon
vent feptentrional.La mer donq plus que nulle chofe varia-
ble & inconftante (comme fauent tresbien ceux qui lont
hantee) nous fit experimenter fa grande mobilité le vint &
vnieme de Nouébre,iour de fainte Cecile, fept heures apres
midi. Car il y eut fi grâd' tourmente qu'il fembloit que l'air
voulut fendre , & que notre nau iufqu'au ciel efleuee en vn
inftant deuft abymer : les efpouuentables & affreux tonner-
res nous apportans tel horreur,que le plus affuré de tous eut
bien voulu eftre ailleurs:en quelle extremité,la feule lumiere
que nous auions à nous pouuoir conduire eftoient foudres,
efclairs , & infraccions des flambantes nues, tellement alter-
natiues & foudaines, que l'une n'attendoit pas l'autre. Lors
vous eufsiez veu les vns en pleurs,les autres en prieres,la plus
part fe difpofer à la mort,autres voyans qu'il n'y auoit obfta-
cle qui peuft garder le timon, qui ne variaft, que les cordes
& gomines ne rompiffent,& que l'arbre ne tombaft,vfoient
de coniuracions. Ce que i'eftimois, & à prefent eftime,mo-
querie , & chofe plus Ethnique que Chreftienne , comme
vray argument d'une deffiance de Dieu.Car puis qu'il tient

cieux,

cieux,mer,& terre,en ſa main,& que d'iceux il diſpoſe ſelon
ſon bon vouloir, ſoit à la punicion des iniques , ou proba-
cion de la foy & conſtance des ſiens , y ha il moyen plus
ſeur, en tous perilz,que de le prier, l'inuoquer humblement
& en ferme foy,nous ranger & ſoumettre à ſa ſainte & iuſte
volonté? attendu que comme il eſt ſeul auteur de notre vie,
auſsi lui ſeul la peult repeter quád il lui plait ? meſmes nous
ha promis que ſi en viue foy nous auons recours à ſa diuine
bonté , comme à notre ſeul appui, qu'il ſera auec nous,non
ſeulement en noz auerſitez , ou angoiſſes de la mort , mais
auſsi au milieu des enfers?Tout cela certes me reduiſant deuant les yeux,tenant pour reſolu que ny la mer & ſes ondes,
ny les foudres , ny meſme la mort , voire les diables ne me
pourroient ſeparer de la charité & amour de mon vray
Dieu, ayant toutes telles diaboliques adiuracions en execra-
cion,ſans m'effrayer (outre les premiers mouuemens,qui ne
ſont en la puiſſance de l'homme) ie m'aſſurois en la ſauue-
garde de ce grand Patron, qui à vn ſeul mot tranquile , &
rend coye la mer & ſes vents , qui iamais en telz deſaſtres
n'abandonne les ſiens, & ne leur preſente plus de tentacion,
que leur eſprit ne peult porter. Voila l'eſtat & le ſeiour pi-
teux ou nous fumes : ie dy ſeiour, pource que nous miſmes
dixneuf iours à faire le voyage de trois ou quatre iournees
pour le plus. De ſorte qu'à bon droit il pouuoit eſtre dit de
nous ce que anciennemét diſoient les Sages : *Ilz nauigent en*
la mer Egee. voulás par cela ſignifier l'eminent peril,& grád
dáger qui y eſt.Toutefois ſus les dix heures de nuit la fureur
de l'orage s'appaiſa:dont vn chacun de nous commença à ſe
cóſoler,reprendre courage,& ſe reſiouir, remerciás tous d'u-
ne voix le Signeur Dieu,ſouz la garde, & protecció duquel
tout homme qui l'inuoque eſt aſſuré,& vient à bon port.

De

De l'Isle de Metelin.   CHAP. XII.

V MATIN nous defcouurimes l'Ifle de Metelin, fituee en la mer Egee. Cefte Ifle ha efté appellee anciennement Hemerte, Lafia, Pelafgia, Egira, Ethiopa, Macaria, puis Lesbos, du nom d'une ville riche & opulente qui eftoit en icelle, comme auiourdhui eft dite Metelin de Mitylene: combien qu'aucuns difent qu'elle fut nommee Lesbos du filz de Iapetus qui ainfi fe nommoit. De Metelin iufques à Chio on conte vint & deux lieues, & demie. Metelin ha de circuit (comme defcrit Ifidore) cent foixantehuit mille pas, ou bien(ainfi que recitent les anciens) cent nonantecinq mille, qui peuuent reuenir à quatre vints dixfept lieues & demie Françoifes. Cefte Ifle eft de grand renom, à raifon des vins qu'elle porte fi frians & tant delicieux qu'on les appelle le bruuage des Dieux. Et fut ceftui vin de Metelin fus tous autres eftimé à Romme, mefmement par ce grád Medecin Frafiftratus. Auffi l'ha preferé Ariftote au vin de Rhodes : combien que fouz cefte preference & façon de parler, il vouloit entédre Theofrafte, natif de Metelin, lequel il n'ofoit pas nommer fucceffeur de fon Academie. En ce païs là y ha de belles montaignes, fertiles & abondantes en vignobles. Il y croit bon blé, & qui fait le pain blanc comme la recente neige. En outre, de cefte Ifle font extraits grás perfonnages, comme Pittacus, vn des fept Sages de Grece: Theofrafte, duquel i'ay maintenát parlé, fucceffeur de l'academie Peripatetique : Alceus, Sappho, laquelle Antipater Sidonius en vn Diftique, appelle la Mufe dixieme, pour fon grand fauoir, & ingenieufe inuencion des vers Sapphiques. Ie ne veux obmettre le harpeur Arion tant renommé, ny

auffi

auſi Therpander, qui par ſa harpe cauſa la paix & vnion
entre les Lacedemoniens, qui au parauant eſtoient en noiſes
& ſedicions grandement tumultueuſes. En celle contree y
auoit anciennement vne façon de faire à batir quelque edi
fice toute contraire à celle des maſſons du iourdhui : car les
Architectes de notre temps appliquent l'eſquarre, le niueau,
ou le plomb, à la pierre qu'ilz veulent tailler : mais ilz faiſoient tout au rebours, appliquans la pierre à l'eſquarre ou
autres ſemblables regles, dont eſt venu ce prouerbe. *La Regle
de Metelin*, duquel nous vſons quád voulons ſignifier cou-
uertement l'ordre de Nature eſtre renuerſé, & que voulons
reduire le fait à la raiſon, non pas la raiſon au fait : la loy à
noz meurs, & maniere de viure, non pas notre maniere de
viure à la loy : ou bien quand le Prince s'accommode aux
meurs de ſon Peuple, qui eſt choſe bien eſtrange : car les ſuietz doiuent ſuiure leur Prince, moyennant qu'il viue ſelon
Dieu, & raiſon : ainſi comme il appartient à vn bon Gouuerneur, à vn bon Roy : veu qu'il eſt le miroir & exemple de
tous, d'autant qu'il eſt conſtitué en plus grande dignité &
honneur : & à la verité le Prince edifie fort, ou ſcandaliſe ſon
Peuple par ſa maniere de viure, bonne, ou mauuaiſe.

De Troye la grande. CHAP. XIII.

APRES CES diſcours, nous approchons de
Troye la grande, ville qui fut edifiee apres le
deluge l'an huit cens vinthuit, laquelle autrefois ha eſté cité grande, & habitee de nacion
fort ſuperbe, & ſe confiant par trop en ſes
opulentes richeſſes, dominant bonne partie de l'Aſie. Elle eſt
aſſiſe en la region de Phrygie, à la mer Helleſponte, qui ſe
nomme à preſent le Bras ſaint George, & ſepare l'Aſie d'auec

g   l'Europ

l'Europe. Parquoy il appert que pour l'opportunité du lieu, & pour l'amenité de la situacion d'icelle, on ne sauroit souhaiter vn plus beau païs que celui là. Qui donne bien à entendre que non sans apparente cause ilz se glorifioient tant de leur excellent territoire, comme pour la somptuosité de leur ville : disans que les puissans Dieux auoient fait le choix de ce lieu, mesme que Neptune & Apollo auoient batis de leurs propres mains les murs de leur cité. De laquelle auiourdhui l'on ne voit plus rien que les ruïnes. Encores suis ie d'opinion, que ce n'est pas du remanant de la destruccion faite par les Grecs : mais plustot des reedificacions, qui depuis ont esté faites. Car Alexandre le grand en faueur des vertuz & genereuse magnanimité d'Hector, la fit reedifier: comme Strabo en sa Geographie, & Euripides tesmoignent. Ie fuz quelque tems sus le lieu auec quatre Gentishommes de l'Isle de Chio, attendant vent prospere pour nous en aller à Constantinoble. Et fumes en vn petit village, ou y auoit grande apparoissance de vieilles murailles : & là nous trouuames vn prestre Grec, qui nous presenta vne douzeine de medailles antiques, quil auoit trouuees aux fondemens desdites ruïnes : desquelles ieu la plus grand part. Et au retour de mon voyage ien ay donné quelques vnes, à certains Gentishommes de France, qui y prenoient plaisir, comme amateurs des Antiquailles, & qui en faisoiét recueil. Or fut ladite cité destruite par les Grecs, l'an deuát la fondacion de Romme, quatre cens trente trois, Ramises pour lors regnant en Egypte : & ce à cause du rauissement d'Heleine fait par Paris, filz de Priam Roy de ladite contree. En icelle ville iadis tant fameuse ont regné seulement six Rois. Dardanus, Erichthonius, Tros, Ilus, Laomedon, & Priam, qui est nombré entre les notables malheureux.

De la

De la Montaigne Sainte, autrement dite Athos, & de la terre Sigillee de Lemnos.
CHAP. XIIII.

’A V T R E coté de la mer , qui eſt la part ſe-
neſtre, tirás touſiours la route de Conſtantinoble, nous voyons la mõtaigne Athos,que
les Grecs maintenãt appellent Agion Oros,
les autres Monte Sáto, & crois que c’eſt pour
autant qu’il y ha pluſieurs beaux , & venerables monaſteres
tant d’hommes que de femmes , qui chacun en leur endroit
viuent en grande chaſteté, poureté, & obedience : tellement
que les moynes & religieux ſont appellez Caloeres, les re-
ligieuſes Calogrees, qui ſignifie femmes aagees,viuans hon-
neſtement.Ceſte montaigne eſt de ſi grande hauteur,qu’elle
eſtend ſon ombre iuſques en l’Iſle de Lemnos : & là iadis
rendoit obſcurité à la ſtatue d’une Vache blanche, comme
le commun prouerbe nous teſmoigne , duquel nous vſons,
quand quelcun retarde le cours de notre bruit , & renommee. Ceſt ombrage eſt fort bié noté de quelques vns,cõme
choſe merueilleuſe:car de Lemnos,(auiourdhui nommee Si-
drio)iuſques à Monte Santo,y ha octante ſix mille. La hauteur de ceſte montaigne ſurpaſſe la mediane region de l’air,
ou ſont engendrees les pluyes , ce qui ha quelque apparence de verité : pour autant que lors qu’on y faiſoit ſacrifices (au dire des habitans du lieu) les cendres ſe trouuoient
ſur les Autelz au deſſus de la mõtaigne,colloquez au meſme
monceau, qu’on les y auoit laiſſees , qui eſt vn argument de
l’air pur,liquide,& qui n’eſt en rien troublé de vents,bruines,
ou nuees. Le doz de Monte Santo faiſoit au tems paſſé
grand ennui & empeſchement aux nauigeans. Ce qui ha

g　2　baillé

baillé lieu à vn autre prouerbe : comme fit iadis la montaigne de Sicile nommee Etna, à present Bolcar. A raison dequoy le Roy de Perse la fit copper,& separer de terre ferme
pour mieux à son gré & à moins de peril dresser guerre na-
ualle contre les Grecs. En ceste montaigne se trouue vne
terre de couleur rougeatre,nommee en langue Grecque vulgaire, Lemnia fragidos, & en langue Arabique, Humaton:
laquelle ha de grandes vertus & proprietez. Premierement
elle est bonne pour le flux de ventre, elle guerit les vlceres
fraudulentes,& est singulier remede à la morsure du serpent,
& côtre tout venin & empoisonnement. Les Iuifs la falsifiét
beaucoup quád ilz la vendent à ceux qui ne la connoissent.
Ien ay veu deux autres especes fort exquises & grandement
medicinalles. L'une ie vis en Chio, & se nomme terra chia,
laquelle est blanche comme croye, & n'est de guere moindre valeur & efficace que celle de Lemnos : car ien ay veu
faire l'experience par vn Medecin Iuif. L'autre se trouue en
Bethleem dens vne basse cauerne, en laquelle faut porter du
feu pour icelle voir trouuer,& est de couleur cédrine,tendát
sur le gris,ayant grande vertu, & selon mon iugement, plus
que les precedétes. Et de fait iay veu Maures,Grecs,& Arabes en venir querir , à Chameaux & Cheuaux chargez. La
proprieté d'icelle est telle, que si vne femme ha les mammelles tellement taries que ne puisse nourrir son enfant,& qu'elle
prenne de ceste terre & la mettre dens vn voirre d'eaue, puis
en boiue l'espace de douze ou quinze iours ,elle verra ses
mammelles peu à peu reuenir à leur naturel:qui plus est,ceste
terre est conuenable tant aux creatures raisonnables que
brutales , en sorte que les predis Maures en viennent querir
pour donner à leurs bestes, desquelles prennent le lait pour
leur nourrissement.Le commun peuple du païs ha ceste fan-
tasie

tafie & opinion que la Vierge Marie ha demouré en ce lieu
là l'efpace de deux ans.

Des Lieures, & de leurs appellacions. CHAP. XV.

E N E veux obmettre l'abondance des Lieures qui font en icelle montaigne. Parquoy
ay propofé de toucher en deux mots de leur
naturel, encor' que ce foit vn animal vulgaire & de tous connu. Quant à l'etymologie &
verité de ce nom, plufieurs auiourd'hui doutent s'il eft Grec,
ou Latin. Ceux qui difent que le Lieure eft appellé Lepus en
Latin, à raifon qu'il ha les piez legers & difpos à courir, com
me fi c'eftoit vn nom compofé d'un adiectif, & fubftantif,
font grandement deceuz : Et combien que Lucius Lelius
maitre de M. Varron ayt efté de cefte opinion, fi eft ce que
la verité doit furpaffer l'autorité de tous auteurs quelz qu'ilz
foient : en ceft endroit ne voulans eftre Pythagoriques, qui
difoient de leur maitre pour toute refponfe & allegacion, il
ha dit. Neantmoins ie ne reprens le iugement d'un fi grand
perfonnage, qu'eftoit Lelius : mais pluftot de mon pouuoir
dois louer fon induftrie & droit iugement en beaucoup de
chofes. Toutefois confiderant que, comme eftant homme
pouuoit faillir, i'ayme trop mieux fuiure, & adherer à l'opinion de Varron : Qui dit que Lepus eft vn nom Grec, fort
ancien, extrait du langage Eolique, auquel la langue Latine
ha quelque correfpondence, ainfi que tefmoigne Quintilien
en fon fecond Liure. On doute ici d'une chofe digne d'eftre
entendue, fauoir eft, fi ce mot Dafipus (qui fignifie connil)
eft nom general, & appellatif : ou bien propre, & fpecial.
Budee homme de grand fauoir (appellé l'honneur & gloire
de toute la France) penfe que Lepus, & Dafipus foient vn : &

g 3 dit

dit qu'Ariftote le prend ainfi : en foy dequoy il allegue plufieurs prouerbes , lefquelz pourrez voir en fes annotacions
fur les Pandectes , & aux Chiliades d'Erafme. L'auteur des
leçons antiques eft d'opinion contraire, allegant Pline en
plufieurs paffages, auteur de finguliere doctrine, & auquel la
pofterité doit beaucoup : conferant aufsi d'autre coté l'Ariftote en fon Liure de l'hiftoire des animaux. Certes la que-
ftion eft difputable : mais en ceft affaire de iuger de fi grans
perfonnages n'eft pas à moy. Tu as, amy Lecteur, des auteurs
pour vne partie & pour l'autre, defquelz t'ay voulu auertir, &
montrer les lieux ou ilz fe fondent. Toutefois ie ne fay fi
i'oferois dire, que l'homme facilement contredit à l'autre, &
bien fouuét fans caufe iufte & raifonnable. Les Grecs communement donnent au Lieure plufieurs noms. En premier
lieu, ilz l'appellent Lagos, pource qu'il dort les yeux ouuerts,
ou bien à raifon des longues oreilles, que nature lui ha baillees, tant pour defendre les yeux, que pour obuier aux mouches, & autres beftes piquátes. Autremét il eft nommé Ptox,
à caufe qu'il eft merueilleufement peureux, ce qui procede
(comme dient aucuns) du cœur, & quantité d'icelui : de laquelle crainte nous auons plufieurs prouerbes, & de la vient
que nous appellons les genfdarmes craintifs & couarts, Lieures armez de heaumes. Le Lieure ne repofe point en lieux
communs & frequentez , ains cherche foffes profondes , &
fort feparees du bruit des hommes. Parquoy Lyfander Capitaine des Lacedemoniens, voyant les Lieures venir faire
leurs gites & dormir pres des portes de Corinthe , donna
courage à fes genfdarmes, leur demontrant cela eftre vn figne & vray indice de la peur & couardife, que les Corinthiens auoient. Les Anciens reputoient pour malheur le
rencontre d'un Lieure : à quoy certes le Chreftien ne fe doit
arrefter

Pline li.3. &
8. de l'hiftoi-
re naturelle.

arrefter , comme à chofe repugnante au premier commandement de Dieu : veu mefmement que Pline , encores qu'il
fut Payen , ha reprins telles fuperfticions. Arreftons nous
pluftot à louer , à magnifier , & remercier Nature mere de
toutes chofes (qui n'eft autre que le vray Dieu) d'auoir efté
enuers nous tant benine , qu'elle nous ait procreé & donné
ces beftes douces, & fans aucunes armes,tant pour notre recreacion,que pour notre vfage & proufit.Plutarque dit que
fi les Chiens tuent le Lieure en le pourfuiuant , qu'ilz prennent plaifir à le defrompre , à l'efcorcher , & fe fouiller de
fon fang. Mais fi le Lieure eftant roidement pourfuiui &
reduit comme en vn defefpoir de fa vie (ainfi qu'il auient
fouuent) perd tellement haleine de peur, qu'il en vienne à
tomber & mourir : alors les Chiens l'ayant trouué mort, ne
le touchét point,ains demourent aupres, remuás leur queue,
comme beftes qui ne bataillent point pour la chair , mais
pour la victoire:ainfi que nous lifons des Coqs.Au demourant,ceft vn tresbon & friant manger,iadis tant prifé & aymé d'Alexandre Seuere, Empereur Rommain. Et de vray,
les Anciens eftimoient entre toutes beftes à quatre piez le
Lieure auoir le premier lieu des viandes delicieufes. On dit
dauantage que manger d'un Lieure caufe le dormir , rend la
face belle, donne teint fort net & delicat.Ce que Marcial en
fes Epigrammes ha bien noté, & le Poëte François ha fuccintement traduit en cefte forte:

Yfabeau lundi m'enuoyates
Un Lieure,& vn propoz nouueau:
Car d'en manger vous me priates,
En me voulant mettre au cerueau,
Que par fept iours ie ferois beau:
Refuez vous ? auez vous la fieure?

Si cela

Si cela est vray Ysabeau,
Vous ne mengeates iamais Lieure.

Pline doute de ceste cause. Aucuns disent cela auoir esté dit, pour raison que le Lieure, selon la tradicion des Grecs Anciens, est dedié aux amours. Dioscoride dit bien, que le sang du Lieure, prins chaut, ote les macules du cops humain, qui est vne chose assez souuent experimentee.

Du Canal, dens lequel on entre pour aller à Constantinoble,
autrement nommé Elsar de Galipoli.

CHAP. XVI.

PRES auoir passé les Isles susdites : finablement le vintetroisieme de Nouembre, nous entrames dens le Canal, pour aller à Constantinoble : & appelle on ledit Canal Elsar de Galipoli, pource que ceste ville est auprès. Parauant estoit terre ferme, mais la mer l'a occupé, faisant mutacion & vicissitude des choses : & depuis que Helle fille d'Athamas Roy de Thebes, fuyant la cruauté de sa maratre, se noya en icelui endroit, il fut appellé Hellesponte. Ce destroit ici auec le fleuue Thanais, diuise & separe l'Europe de l'Asie. Là se perdit Leander retournant de voir Hero, comme descrit Musee Poëte Ancien. On dit que Xerxes Roy de Perse mena par ce Canal son armee en Europe, faisant vn pont de Nauires, ce qu'est vray semblable. Car ce lieu peult estre large d'un get d'arbaleste, & non plus : quoy qu'aucuns disent (mais Dieu scet auec quelle experience) qu'il contient trois cens octantetrois mille pas. Là y ha deux Chateaux, l'un en Europe, l'autre en Asie, pour defendre & empescher ceux qui voudroient par force & violence aller à Constantinoble : Et sont bien forts, & munis d'Artillerie, poudres,

                         & de

& de gensdarmes nommez Ianniſſaires.Car vous deuez noter que quand les beaux Ianniſſaires,qui ſont de la garde du
grand Turq,deuiennent vieux(car ſa garde ordinaire eſt de
dix mille Ianniſſaires,& la plus part filz de Chreſtiens,com-
me eſtoient les Mammelus au Caire durant le regne du Soudan d'Egypte) on les enuoye eſtre comme mortepayes , es
fortes Places & Chateaux : deſquelz les vns ont ſix aſpres,
les autres dix, de gages ordinaires pour chacun iour : l'aſpre
reuenant à vn Carolu de notre monnoye. Or ſi ces deux
Chateaux eſtoient pris,Conſtantinoble ne feroit pas grande
reſiſtence. Aucuns diſent que ces Chateaux ſont Abyde &
Seſte,deſquelz l'un appartenoit à Hero,l'autre à Leander. Et
de vray, la mer Helleſponte auoit quatre villes oppoſites,
deux en Europe,Calipoli & Seſte : Les autres en Aſie,Lam-
pſaque & Abyde.Mais cela m'eſt difficile à croire,veu qu'ilz
ſont batiz & edifiez tout de neuf. Sortans de ce Canal &
deſtroit, nous commençames à voir la mer plus large , &
moins perilleuſe : car nous entrames en ceſt endroit, qui ſe
nomme Propontide : puis arriuames à Conſtantinoble , le
dernier iour de Nouembre:de laquelle ie veux, Dieu aydất,
vous deſcrire ce d'antiquité , d'excellence & d'eſtrange, que
i'y ay peu entendre, connoitre & voir.

De Conſtantinoble.   CHAP. XVII.

CONSTANTINOBLE eſt ville Metropolitaine & capitale de Thrace,en Europe : laquelle du nom de l'Empereur Conſtantin
ha eſté ainſi nommee. La premiere intencion de Conſtantin eſtoit d'edifier le chef
de l'Empire Rómain,en la treſrenommee region de Troye.
Et de fait,en la meſme champaigne ou les Grecs planterent
                                                    h   leur

leur siege:il commença les fondemens d'une tresgrande cité:
mais apres que par vision nocturne, il fut amonnesté d'aller
ailleurs,retourna arriere en Grece,& au lieu qu'on disoit iadis Bisance,fonda la tres florissante,maintenant tres misera-
ble cité de Constantinoble. Au tems passé on ha veu en ceste Region là trois autres villes de grand renom , comme
Apollophanie,Enos,& Nicopolis.Ceste ville de Constantinoble ha esté par ledit Empereur grandement augmentee,
tant qu'elle fut finablement le Siege du tresexcellent Empire
Rommain,& chef de tout l'Orient. Anciennemét elle estoit
appellee Lygos, & Bysancion : Lygos à raison de son bruit
resplendissant,& approuué tát par auteurs Grecs,que Latins:
Bysanciõ,à cause d'un fleuue qui passoit aupres,lequel (comme encor' à present ilz disent) se perdit par vn tremblemét
de terre, qui se fit en ces parties là. Les autres disent que
Constantinoble fut nommee Bysancion du nom de Bysas
fondateur d'icelle, laquelle ha esté pareillemét dite Anthusa,
comme ville florissante : & parauant Antonina, d'Antonin
Bassian , filz de l'Empereur Seuere. Le cloz de ceste cité est
egal en grandeur à la ville de Paris, selon l'opinion d'aucũs,
mais non si bien batie , ny habitee. Ie'stime quant à moy
qu'elle ha de circuit huit mille pas. Ceste ville tant antique
& excelléte, est situee à la bouche de la mer Pontique,autre-
ment dite la mer Maieur , au Bosphore de Thrace , appellé
auiourdhui Elfar de Constantinopoli,faite en triangle,& li-
mitee en trois parties. En deux pars,la mer par ses destroits
va tout autour. Le tiers est terre ferme,ou il y ha de grás fossez à fonds de riue , & deux murailles merueilleusemét pres-
sees. Ie ne say au mõde plus beau port,ny ville mieux situee,
que Constantinoble : Duquel port & situacion de la ville
auoit iadis prenostiqué l'oracle Delphique , & mesme du

nom

nom des Calcedoniens habitans de Pere qui furent appellez aueugles, comme vous entendrez ci apres. Là viennent
plusieurs vaisseaux chargez de marchandise, tant de la mer
Maieur, que Mediterranee. En icelle ville y ha sept montaignes, en lune desquelles Machomet (celui qui la print lan
de grace mil quatre cens cinquante trois, vintneuuieme de
May, auec la plus grand part de la Grece)fit dresser en rondeur vn temple pour lui, lequel en langue Turquesque est
appellé Mosquee. Puis en lautre montaigne est la Mosquee
de Baiazeto son filz. En vne autre est celle de Sultan Selin,
qui print le Caire. En la quatrieme est celle de Soliman.
Restent trois montaignes : en lune desquelles est le vieux
palais, maison commune à tous, ou de present sont bouti-
ques, ou lon besongne aux tentes, & pauillons. En la seconde
est le siege principal du Patriarche de Grece, viuant auec
certains moynes, appellez Colonges. Ceste montaigne est au
plus haut de la ville, & icelui Patriarche leans enclos, paye
au grand Turq la somme de quinze mille ducaz pour le
tribut ordinaire des eglises Gregeoises. En la derniere montaigne est la Mosquee quia accoustumé frequenter le grand
Turq tous les vendredis. Et deuez entendre que celui grand
Turq, nommé à present Sultan Soliman, sortant de son Saray pour aller faire son oraison en ladite Mosquee, est hon-
norablement, & dune mirable magnificence accompagné
(ce que iay veu) des grans Signeurs & diuers officiers de sa
court. Premierement les Iannissaires, qui peuuent estre en
nombre de sept mille, vont deuant lui tous à pié, en si bon
ordre que lun ne passe pas lautre : portans larc Turquois en
main, & le carquois doré au coté, bien garni de flesches da-
masquines : & cheminent auec merueilleux silence, leur Capitaine vieil & ancien marchant apres eux. De suite, vien-

h 2   nent

nent diuers officiers à cheual nommez les vns Billerbeys, amiralz de mer : les autres Chadis, Sobassis , iuges des prouinces : Sangiacz,Spachis,& sus tous autres le grand Mosti: (lequel ilz tiennét quasi en mesme degré & reputacion, que nous faisons le Pape,combié quil ne differe en rien d'accoutrement aux autres) tous equippez & armez (fors ledit Mosti) à leur façon Turquesque:les vns vétuz de drap dor, les autres de velours, de satin blanc, rouge, bleu, fort passementé, diapré,& pourfilé d'or & d'argent, de tres riche manifacture. Apres lesquelz marchent vn grand nombre de beaux pages ornez & parez ne faut pas demander. Consequutiuement viennent les quatre Bachas , qui gouuernent paisiblement le grand Signeur : & auec eux les Conseilliers du priué conseil,richement accoutrez, & à leurs contenáces demontrans vne fort signeuriale maiesté. Alors vient ledit grand Signeur,bien quinze pas apres eux : ceux qui viennét apres lui (qui sont quasi en mesme nombre,& mesme equipage que les premiers)distans de sa personne d'autre quinze pas : si que au milieu d'eux tous il marche le petit pas, môté sus vn beau cheual caparassonné de velours,ledit caparasson estant tout garni de fines perles orientales:& porte ledit Soliman vne Simeterre entierement couuerte & garnie d'esmeraudes,rubis, diamans & autres estoffes exquiles:qui est bien la chose la plus riche qu'on pourroit estimer. Quant à ses accoutremens , ilz ne different en rien de façon à ceux des autres Turqs. Car ce n'est pas leur coutume, ains tiennent à horreur,de varier, diuersifier, & changer leurs accoutremés. En la maniere donq que vous ay dit,il va à sadite Mosquee auec vn si bel ordre,& silence tel, que, hors le trac des cheuaux, vous diriez qu'il n'y ha ame par les rues : iaçoit qu'il y ait vne multitude quasi infinie de diuerses nacions, qui le

regard

Magnificence du grand Turq.

regardent paſſer. Lors tout le Peuple lui ſait reuerence, pro-
ſternant la teſte contre bas : & ledit Signeur auec vne douceur & debonnaireté grande , rend de meſme le ſalut à ſon
Peuple, auec vne fort decente grauité enclinant la teſte maintenant deçà, maintenát delà, à ceux qui le ſaluent: ce qui eſt
grandement à louer en vn Prince , & Gentilhomme quiconque ſoit. Apres auoir ſait ſon oraiſon ſelon l'uſance de
leur Loy, il ſ'en retourne en ſon Saray, en meſme ſorte qu'il
eſt venu. Or eſt ceſte Moſquee le temple de ſainte Sophie, *Sainte So-*
qui iadis ſouloit comprendre plus d'un grand mil, en ſon   *phie tem-*
cerne & circuit : tellement qu'on y entroit par cent & vne   *ple treſ-*
porte. A preſent les deux grádes parties ſont miſes en ruïne: *excellent.*
des pierres de laquelle les Turqs ont ſait batir , & dreſſer
leurs Moſquees. Outre plus, ceſte Egliſe Metropolitaine, ſouueraine de toute la Grece , tant magnifique , & iadis floriſſante , auoit de reuenu annuel , trois cens mille ducats.
Mais à preſent il y en ha bien de rabbatu: tellement que ny
le Patriarche , ne les Moynes ne ſont tant à leur aiſe qu'ilz
ſouloient. Quant à ce qui eſt demouré dudit temple , ie ne
penſe point qu'en tout l'Orient, non pas en tout le Monde,
ſ'en trouue vn, qui lui reſemble en eſtoffe & ſomptuoſité : tát
eſt orné & bien decoré de toutes choſes que l'induſtrie &
artifice humain , ſauroit excogiter & inuenter pour rendre
vn ouurage abſolument parfait. Le cœur, qui eſt demouré
ſeul entier, ha cent piez de large, & ſix vints de long, à double eſtage haut eſleué, tout rond, bien enluminé, & paué de
Marbre bien vny. Le haut eſt tout doré, ſur double ranc de
pilliers longs, & maſſifz de deux braſſees d'homme, Azuré
de Diaſpre, Iaſpe , & Porphyre. Sus chacun d'eux eſt vne
pierre large & grande de Marbre gris, rouge, ou ſerpentin.
Le haut eſtage eſt tout enuironné de pilliers moindres , en
                    h   3   quant

quantité que ceux d'embas : mais en richesse & magnificence egaux. Ie laisse les belles peintures, desquelles les visages
par les Turqs ont esté effacez : car ilz ne peuuent voir, ne
souffrir stature, ou pourtraiture de ce que Nature produit.
Ie me tais de la grande porte de fonte, & couronnee de porphyre, chose singuliere, auec cinq autres grandes portes de
mesme fonte, espesses, & fortes à merueilles. Deuant ce tant
excellent & tant superbe Temple y ha vne fort belle place
carree & publique, ou l'œil humain peult voir trois grandes
choses, ledit Temple, la grand' Mer, & le grand Palais garni
tout autour d'artillerie. En ce Sarail y ha deux portalz, &
double court auant qu'y entrer. La grand' court, qu'on trouue la premiere, reçoit les cheuaux de ceux qui vont faire la
court au grand Turq. En la seconde court sont trois Bachas
gouuerneurs de l'Empire, qui donnent audience, & iugent
les proces & differents de ceux qui plaident : & ce, trois fois
la semaine. Là verriez vne gráde multitude de peuple, les vns
assis, les autres debout, en si grand' silence que dix mille ne
feroient pas plus de bruit que six de nous. Il y ha pareillement le Saray de la Sultane, femme du grand Turq : le Saray des ieunes enfans qui sont en nombre de cinq cens ou
enuiron, de l'aage de huit iusques à vint ans : lesquelz ledit
grand Turq fait instruire & endoctriner tant aux lettres,
qu'au fait des armes, cóme à entédre leur loy & Alcoran : tirer de l'arc, s'agilliter à cheual, & autres exercices de guerre.
Ceux qui sont deputez pour les enseigner sont vieux Docteurs en leur loy, nommez Talismans. Puis le Saray des filles vierges, en nombre de quatre ou cinq cens, qui, petites
ont esté enleuees bonne partie sus les Chrestiens, lesquelles
sont gardees par Eunuques, qui nomment vulgairement
Mounouques, & par certaines vieilles matrones sages &
                                            discrett

diſcrettes,qui les apprennent à broder,tiltre diuers ouurages,
trauailler en tapiſſerie de haute liſſe, beſongner excellemmét
de l'eguille,& faire mille gétilleſſes.Elles ſont vétues & riche+
mént abillees deux fois l'an par le grand Signeur:& ont chacune douze aſpres le iour , qui vallent douze carolus de notre monnoye. Que ſi quelcune d'icelle plait audit grand Signeur, il en fait ſa fauorite, & s'en ſert: puis les marie à au-

cuns de ſes officiers, ou eſclaues. Outre il y ha de beaux , &
plaiſans ſpectacles nommez Hippodromes , c'eſtadire, lieux
ſpacieux , ou anciennement les Empereurs faiſoient courir
les cheuaux par recreacion,& maniere d'exercice. Au milieu
de celle grand' place y ha pluſieurs belles colomnes fort antiques

tiques & magnifiquement ouurees & grauees, toutes de mar
bre , fors vne qui est de cuiure en forme d'un serpent ayant
trois testes. Là aussi y ha vn Hercules de cuiure, qui fut apporté de Hongrie, chose singuliere, & plaisante à regarder.
Ie ne veux obmettre plusieurs animaux que i'ay veu du tems
que i'estois là, comme Lions, Leopars, Tygres , Loups Ceruiers, Rats de Pharaon, Elephans, Chameaux : la nature desquelz ay deliberé vous exprimer en peu de parole , voulant
euiter toute prolixité.

Des Lions.   CHAP. XVIII.

E LION est nommé de ce vocable Grec,
Lao , qui denote voir. Cest animal est fort
approchant du Soleil, & tient de lui. Car la
Lionnesse seule entre tous animaux quadru-
pedes qui ont les ongles crochuz, engendre
ses petis, voyans. Combien que Auicenne dit, que cest chose
rare de voir vne Lionnesse engendrer deux Lions, pour raison de la grande chaleur dont elle abonde , qui demande grande nourriture. Le Lion sur toutes autres bestes est
Roy : & qui ha prins, côme recite Aristote, la meilleure forme de masle. Or deuez vous entendre que quand les Turqs,
& Maures meinent le Lion par la ville de Constantinoble,
& par la ville du grand Caire, ilz le tiennent attaché par vne
grosse chaine de fer , ayant petites sonnettes & clochettes, à
celle fin que le Peuple se retire , & qu'il ne s'irrite & mutile
quelcun. Il ha l'haleine forte, & est irrité par sa queue, de laquelle il bat la terre, puis soy mesmes : quand il ne la re-
mue point c'est signe qu'il est appaisé. Sus sa vieillesse, que les
dens lui tombent (comme à la plus part des hommes) il ta-
che d'aborder les hommes & les tuer, pour viure, n'ayant plus
la force

la force & agilité suffisante pour poursuiure les bestes. Alors
il assiege les villes d'Afrique : dont Polybius estant auec Sci-
pion Emilian , en ladite Afrique : dit auoir veu plusieurs
Lions qui auoient esté penduz par les habitans des villes circonuoisines , pour donner crainte aux autres. Si est ce que
le Lion est fort clement , comme recite Pline, & Aule Gelle
en son cinquieme liure, sinõ quand la famine le presse: alors
le ventre impacient n'a aucune pitié ne de femmes, ny d'en-
fáns, lesquelz toutefois, comme imbeciles & de petite resisten
ce il n'a accoutumé de deuorer. Le premier qui ha appriuoisé, & dompté le Lion, ha esté Anno, homme bien renommé en Afrique. M. Antoine ha mis premier souz le ioug

i   les

les Lions : mais (qui eſt choſe du tout eſtrange) aucuns les couplent auec les Renards. Nous liſons qu'vne brebis du troupeau de Nicippus engendra en l'Iſle de Lauigo, (iadis nommé Cos) vn Lion : qui ſignifia (comme lon dit) la Tirannie future de ſon maitre : ce que puis apres auint. Choſe pareillement non moins notable eſt, que le Lion tant cruel, craint le Coq, le bruit des roues & charrettes, les maſques, & principalement le feu enflambé. Ce que n'auient ſeulement aux Lions, mais à pluſieurs autres beſtes grandes, & cruelles. Car le Thoreau craint merueilleuſement la couleur rouge, l'Elephant la blanche, le Serf la plume rouge, le Tigre enrage au ſon d'vn Tabourin, tellement qu'il mange ſa chair viue. La raiſon de ces choſes eſt autant incertaine, que celle pourquoy l'homme touché ſouz les aiſſelles, rid, ou bien pourquoy l'Ambre attire la Paille, l'Aimant le Fer. Celui ſeul en connoit le cauſe, qui eſt Auteur & Createur de leurs eſſences. Quant eſt de la diuiſion des Lions, nous en trouuons deux eſpeces. La premiere eſt de ceux, qui ont les crains courts, & creſpes : L'autre eſt de ceux, qui les ont drois. Aucuns aioutent ceux que les Pardes engendrent : mais ilz ſont baſtars, car ilz ne tiennent du Lion que le corps, & du Pard ilz tiennent le poil.

Des

Des Tigres.   CHAP. XIX.

YRCANIE abonde en Foretz,& par con-
sequent en Tigres, qui ont la peau de diuer-
ses couleurs,& sont merueilleusement legers,
ou bien(si tu veux)obstinez,tellement quïlz
poursuiuent celui qui ha raui de leurs petis,
encores quïl s'enfuie à course de Cheual : & dit ont que si le
rauisseur ne trouue la Mer,& vn Nauire prest,en vain prend
ceste audace de rauir telz faons. Aucuns disent que si ledit
rauisseur se voyant estre poursuiui de la mere, leur iette deuant quïlz approchent, vne sphere de voirre, alors s'arreste-
ront pensant de prime face,que ce soit vn Tigre : mais connoissans la fraude, poursuiuroient leur course, tellement que
si le Veneur n'en ha vn autre, ou bien que la Mer soit prochaine, il est en grand danger de sa personne : I'ay parlé par
cy deuant des Loups Ceruiers,pouquoy ie m'en deporte.

Des Asnes sauuages. CHAP. XX.

LES Asnes sauuages ont les oreilles plus grandes que les domestiques, & gardent leurs femelles pleines, d'un grand soing, craingnans qu'autre beste de la mesme espece ne se coupple auec elles, en sorte qu'ilz les chatrent auec les dens, quant ilz voyent qu'ilz ont la puissance d'engédrer. Ces bestes ce trouuent en Afrique : mais les meilleures viennent de Phrygie, & de Lycaonie. Pline tesmoigne que d'une Iument, & d'un Asne sauuage appriuoisé s'engendrét Mulles fort legeres à courir, qui ont le corps meigre, & le courage vif: mais elles ne se domtent facilement. Vn Mulet pareillement qui est engendré d'un Asne sauuage, & d'une Asnesse surpasse les autres. Les Rats de Pharaon, autrement dits d'Egypte, sont longs, & hauts de demie brasse, dur de poil : & si les chiens se lancent à eux pour les endommager, ilz les tuent.

Des

Des Elephans. CHAP. XXI.

QVANT aux Elephans, cest bien le plus grand animal qui soit au Monde, & qui approchent plus au sens & entendement humain : car ilz entendent le langage du païs ou ilz frequentent, &, qui semble trop plus estrange, obeïssent à ce qu'on leur commande. Ilz reuerent le Roy, & flechissent les genoux à ceux que leur maitre leur commande, ayans bonne & prompte memoire de ce qu'ilz doiuent faire. En guerre ilz sont forts, & fiers : ce que les Anciens, comme Annibal, Iugurtha, & autres, bien connoissans, en faisoient le front & pointe de leur armee, pour de

i 3 plus

plus grande furie rompre leurs ennemis : en paix il estoient
fort humains : dont nous lisons que Cesar, qui sus tous autres Empereurs de notre memoire, s'estudioit à beninité &
clemence, en vn sien trionfe monta au Capitole auec quarante Elephans, chacun Elephant portant six hommes auec
flambeaux ardens & odoriferans, en signe de paix acquise
par guerre, denotant en cela l'Elephant par sa force & ad-
dresse estre beste guerroyable, & pour son docile, traitable,
& benin naturel, estre beste trionfale & pacifique : dequoy nous fait foy leur coutumiere douceur, ie vous dis telle en verité, que s'il trouuent vn homme desuoyé de son chemin, ilz lui feront compagnie iusques là ou il veult aller : &
s'ilz rencôtrent quelque trouppe de bestes, il leur feront chemin sans en tuer aucunes auec leur trompe : laquelle leur ha
esté baillee pour main, & ainsi proprement se peuuent appeller. Car quand ilz veulent, soit pour boire ou pour manger, ilz la plient, comme les Serpents leur corps. Ilz ont iointures aux iambes, tellement que quand leur maitre leur commande de se mettre à genoux, ilz s'y mettét promptemét, qui
est contre l'opinion de plusieurs qui ont descrit la Nature de
l'Elephant : vray est que leurs iointures sont plus basses, que
celles du Beuf. Brief, à la ville d'Alep, qui est en Surie fut
escorché vn ieune Elephant, qui par quelque malueuillant
auoit esté empoisonné, & lui furent trouuees iointures aux
iambes, & moy mesme en ay veu mettre par plusieurs fois à
genoux en la ville du Caire. Ilz ont pareillement deux grandes dents, à la blancheur desquelles on connoit l'aage qu'ilz
peuuent auoir: de l'une ilz se seruent, l'autre ilz reseruent pour
le tems de guerre. Et qui n'est de petite prudence, si se voyent
estre chassez, & en danger de leur vie, pour la grande pour-
suite qu'on fait à auoir leurs dents (qui ne sont autre que
blanc

blanc yuoire) ilz les rompent, & mettent en plusieurs pieces,
à fin quilz ne soient plus pourchassez: nous enseignans par
tel exemple, de ne rien espargner quand nous nous voyons
oppressez à tort, ou à droit : comme aussi le sage Caton
nous en baille l'enseignement, disant en telle sustance:

Or, & argent, & precieuses choses,
Que nous tenons pour grand' felicité:
Laisser conuient, si elles sont encloses,
De grand peril, & loing dutilité.

Ici on demande vne question, sauoir est, si les dents d'un
Elephant se doiuent appeller Cornes. Les vns disent qu'ouy:
veu que nous voyons que les taureaux d'Ethiopie ont les
cornes aux narines: parquoy ne se faut esbahir, si ce qui sort
de la gorge de l'Elephant nous appellons cornes. En outre,
la nature des cornes est de tôber par certain tems, puis derechef naistre, ce qu'auient tant aux Elephans, côme aux Cerfs:
mais les dents demeurent, & ne se changent aux animaux,
& ne viennent à renaistre de nouueau. Outreplus le feu ne
domte facilement les dents : mais nous voyons tât de beaux
ouurages, simulacres, & statues d'yuoire, qui nous demontrét
telle matiere de dents estre obeissante au feu : auec ce que
nous ne voyons aucunement qu'elles ayent l'usage, & facent
office de dents, qui est de briser, comminuer & macher la
viande qui leur est presentee. Ainsi si nous les appellons
dents, il faudra confesser que nature ha trauaillé en vain : ce
que les Filozofes naturalistes iamais n'accorderont. Toutefois
les autres disent le contraire : se rengeans à Herodote, pere
des Historiografes qui ainsi les appelle, & apres lui plusieurs
autres bons docteurs approuuez, suiuás plustot en ce, la coutume & façon vulgaire de parler, que le naturel & proprieté

de

de la chofe. Dauantage l'Elephant n'a point l'ongle fendu
ny mefparti , ains folide & d'un tenant, ce que ne conuient
point à beftes ayans cornes. Ceft animal eft domté à force
de coups & par famine. Il s'appriuoife aufsi facilement auec
le fuc d'orge, fpecialement quand il eft tombé par captiuité
entre les mains des hommes. S'il eft efmu en fureur , & qu'il
faffe de l'enragé (comme aucunefois auient) , il fe peult hu-
milier & adoucir par l'afpect d'un mouton, ou bien par har-
monie de Mufique , comme plufieurs autres beftes. Entre
l'Elephant, & le Dragon y ha vn difcord & haine immor-
telle. La caufe de cefte inimitié, felon que difent aucuns, eft
vne certaine antipathie & repugnance d'un naturel à autre.
Les autres difent que le Dragon fait la guerre à l'Elephant
pour raifon de l'abondance du fang froid qui eft en lui, lequel, à caufe de fa vehemente chaleur, il appete defmefuré-
ment: duquel fi tot qu'il ha beu & s'en eft bien rempli, il viét
à mourir. Outre ce que deffus, l'Elephant ha grandement en
horreur l'odeur, ou viande touchee, & rongee d'un Rat : lequel toutefois il ne pourfuit aucunement, comme chofe vile,
& de petit pris. Cefte befte ne fe couple iamais auec les femelles qu'en fecret (ce que deuroit faire rougir & auoir
honte à plufieurs hommes de leur plus que brutale impudi-
cité) & n'engendre qu'vn Elephant, qui eft de la grandeur
d'un veau fauuage, & ce pour vne feule fois. Et porte la femelle le petit faon en fon ventre l'efpace de dix ans, ou(felon
la plus commune opinion)de deux, pour le moins. La raifon
eft, pource que les beftes qui ont les ongles folides,& font de
grande hauteur : communement fe trouuent moins fecondes, que les autres qui les ont mefpartis, & font de petite cor-
pulence. Iamais l'Elephant ne combat pour la femelle , non
pas qu'il ne l'ayme beaucoup(veu qu'il ha quelque memoire)
　　　　　　　　　　　　　　　　　　　　　　　mais

mais pource qu'adultere entre eux n'a aucun lieu , & la femelle craint merueilleusement le masle. Entre les Elephans
les vns sont plus grás,& iceux sont plus nobles,& meilleurs:
les autres sont moindres, & pource sont ilz appellez batars,
desquelz s'aydent les Indiens au labourage. Aux Indes sont
les plus grans , à raison de la force & vertu du Soleil , qui y
est plus grande. On dit que l'Elephant adore le Soleil pour
Souuerain,ce qui m'est fort difficile à croire,encore que Pline , & Solin le tesmoignent. Si tu m'allegue aucuns auteurs
au contraire, desquelz i'ay fait mencion par ci deuant , ie te
dy qu'ilz estoient grans personnages , mais toutefois hommes : Ou pour en iuger rondement, qu'ilz ont vsé d'une façon de parler, qui s'appelle Abusion , sauoir est quand nous
abusons de la proprieté , & significacion des mots : ou bien
suiuant la doctrine des Platoniques ie te respódray,que si les
bestes brutes adoroient le Souuerain , ou bien les choses ce-
lestes,& qu'ilz en eussent quelque cõnoissance,elles seroient
semblablement participantes de l'intelligéce, & immortalité
promise seulemét aux hómes& aux Anges.Ce que iamais hóme sobre en iugemét ne voudroit penser,tant s'en faut de l'af-
fermer.Laissant donques toutes ces subtilitez impertinentes,
& qui deroguent grandemét à notre religion, retiés ce mot,
que l'Elephant vit trois cens ans : & moymesme estant au
Caire en vis mourir vn qu'on disoit auoir passé six vints ans.

Des Chameaux.　　　　　CHAP.　XXII.

L E CHAMEAV est court d'oreille : ce que
lui est auenu (si les Poëtes sont de croire)
pour sa fole requeste. Car il demanda à Iuppiter deux cornes: ce qu'il ne lui voulut ac-
corder : ains lui fit copper les oreilles , à fin
qu'il eut encores la teste plus difforme , qu'il n'auoit au para-
　　　　　　　　　　　　　　k　　　　uant,

uant: nous demontrant qu’il ne faut rien demander à Dieu, qui ne soit iuste & raisonnable. Au commencement que ceste beste fut montree aux Egypciens par Ptolemee, filz de Lagus, ilz eurent si grand peur, la voyans si haute (comme chose à eux encores nouuelle & non accoutumee de voir) que tous se prindrent à fuïr : mais auec le tems connoissans peu à peu sa simple bonté, s’enhardirent de s’approcher de lui, puis apres mieux informez de sa basse humilité, & auertis qu’il n’auoit point de fiel, (qui est l’humeur colerique du corps) vindrent iusques à le brider comme vn Cheual, & faire mener aux enfans. Plusieurs sont d’opinion que le Chameau hait les Cheuaux : toutefois auiourdhui on les voit aller ensemble, ie ne say qui les ha reconciliez : iamais il ne se coupple auec sa mere, ce qu’aucuns disent du Cheual : Pline y contredisant, & l’experience estant au contraire. Icelui vit cent ans, ou dauantage, ce qui procede (à mon iugement) de ce qu’il n’a point de fiel. Lesdis Chameaux viennent de Scythie & d’Arabie, & seruent à l’homme, tant à porter faix & grandes charges, que pour cheuaucher. Ilz sont tresobeissans au maitre qui les conduit, tellement que quand il les veult charger, ou descharger de leur fardeau, en leur faisant vn seul signe, ou disant vne parole, ilz se baissent & mettent incontinent le ventre côtre terre. Ilz sont de petite vie, & de grand trauail. La viande qu’ilz ayment le mieux, sont Feues. Ie ne veux obmettre leur maniere d’uriner, ilz vrinent en derriere : tellement que celui qu’il seroit derriere eux, s’il n’y prend garde sera tout souillé & contaminé de leur vrine, comme la figure que i’ay fait mettre cy apres le represente. Aucuns disent que Chameau vient d’une diccion Grecque, Chame : mais i’estime (sauf meilleur iugement) que la diccion tant Grecque, que Latine descend de l’Hebraïque, qui est Gamal.

eſt Gamal. Voila les choſes principales , & dignes de memoire, que i'ay veu du tems que i'eſtois par dela, non pas que
ie demouraſſe en ladite ville de Conſtâtinoble, ains de l'autre
coté de la Mer , à Pere, appellee au tems paſſé Galate, ou de
preſent trafficquét les Chreſtiens viuás ſouz l'Egliſe Rômai
ne, ayás Femmes, Enfans, Maiſons, & Temples propres pour
prier le Souuerain, & ouir ſa parole , eſtans ſeulement tributaire au grand Turq, ſelon le taux des tributs ordinaires. Là
demourent les Embaſſadeurs de France, & pour le iourdhui
monſieur d'Aramon bien aymé du grand Turq, & des gens
de vertu, faiſant grád accueil aux Chreſtiens allans par dela.
Et en ſon abſence y eſtoit le Signeur de Cambray , tenant
ſon lieu & penſant des affaires du Roy, pres la perſonne du
grand Signeur : homme tres ſongneux & amateur des vertus , & de gens de bonnes lettres , & qui ha prins vne peine

k 2   ſingul

singuliere d'apprendre, & sauoir parler les langues communes du païs, tát Turquesque, Arabesque, que la Grecque vulgaire. Là pareillement font leur residence, les Embassadeurs
de Venise, de Chio, & autres. Mais ceux de l'Empereur, &
du Roy de Hongrie, demourent à Constantinoble, pource
que le grãd Turq ne se fie du tout en eux. Or y ha il du coté de ladite ville de Pere sus la marine, vn Arsenac, qui est
le lieu ou lon tient, & fait on les Galleres & autres vaisseaux
de Mer : là ordinairement besongnent cent cinquante maitres, qui ont chacun douze aspres le iour. Toutefois ilz ne
sont si bons maitres à faire Galleres que les Marseillois, les
faisans lourdes, pesantes, & fort mal aisees à regir & conduire, dont sont cõtrains tenir quelques maitres Chrestiens,
ausquelz ilz donnent gages. Il y ha semblablement sus ledit
Arsenac, & sus tous les officiers d'icelui, vn Capitaine general dit Beglerbey de la mer, ayant aussi charge de l'armee
Nauale, quand elle va en quelque expedicion.

De Calcedon.   CHAP. XXIII.

E PERE, Monsieur maitre Pierre Gillius,
homme de bon sauoir, & moy, allames
voir les ruines de Calcedon, iadis fondee
d'Argias, Prince de Magaris, qui estoit au parauant appellee Porcerastis, puis Compusa,
& en apres la ville des Aueugles, pource quilz ne sceurent
choisir & connoitre le lieu, ou est situee Constantinoble, en
païs beaucoup meilleur, distant de ladite ville sept stades (qui
font pres de demie lieue françoise) au riuage apposite du destroit de Thrace, & est assise ladite ville de Pere, en Asie la
mineur, qu'on nomme maintenant Natolie, ou Turquie : lequel païs contient beaucoup de Prouinces, comme Phrigie,
Pamphilie, Cilicie, Licaonie, Galacie, Ephese, Cappadoce (qui
est

est la petite Armenie) Syrie , & beaucoup d'autres regions.
Les Grecs disent que ceste ville de Calcedon prend son nom
d'un petit fleuue, qui ha sa source d'une montaigne nommee
Calcedon: ce que ie croy facilement. Strabo & Diodore disent qu'elle fut edifiee par les Troyens, du regne desquelz elle
florissoit. Mais maintenant (comme si deuant auons dit) il
ny ha plus que les ruïnes. Et communement le grand Turq
va plus visiter ce lieu là pour prendre recreacion , qu'en lieu
qui soit pres de Constantinoble , à cause que l'air y est fort
temperé , & que là se trouuent de beaux Iardins & bonnes
eaues aux lieux circonuoisins. De Constantinoble iusques
audit lieu il ny ha que deux petites lieues par mer. Audit
Calcedon fut tenu & celebré, vn des quatre premiers Conciles de l'Eglise Catholique, par le moyen de Marcian Auguste, & Anatolius Euesque de Constantinoble: ou l'heresie
de Nestorius & Eutices , L'un Euesque dudit Constantinoble, l'autre Abbé, fut condemnee, comme nous tesmoignent
les saints Decretz. Lors que nous y estions, l'an mil cinq cens
cinquante , le grand Turq faisoit tirer de la pierre des fondemens, pour edifier & batir sa Mosquee au plus beau lieu
de Constantinoble: Laquelle sera loutrepasse , & seul chef
d'euure de toute l'Europe, voire de l'Asie. Là nous trouuames
esdis fondemens ruïneux plusieurs Medailles bien antiques,
qui estoit la cause principale pourquoy nous y estions allez.

Dist. 5. Can. sicut sancti.

De la Mer Maieur. CHAP. XXIIII.

P ENDANT que nous fusmes de seiour à
Constantinoble nous ne faisions autre que
visiter les lieux & choses antiques dignes de
memoire: de sorte qu'ayans passé le tems tout
vn iour à remirer & contempler les vieilles
ruïnes susdites, le lendemain qu'il faisoit vn tems doux &

plaiſant , nous nous allames paſſager & esbattre par le Canal iuſques à la mer Maieur. De ſorte queſtre entrez au
deſtroit dudit Canal nous tirames à vn Caſal de belle marque & fort honnorable , ou il y ha vne fort belle Moſquee
richement fondee par la fille du grand Turq : paſſans outre
vinmes de l'autre coté de la mer voir vne autre Moſquee nõ
moindre en ſomptuoſité & ingenieuſe manifacture à la premiere : laquelle auoit eſté fondee par Barberouſſe iadis
Courſaire du grand Signeur , & voulut eſtre inhumé audit
lieu, non dens la Moſquee,mais aupres. Car les Turqs ne
ſont iamais enſepulturez dens leurs temples ou ilz ſont prieres & oraiſons. De là, ſuiuans touſiours ledit deſtroit,regar-
dans de tous cotez le territoire beau,amene, & delectable le
poſsible,les grans iardins richement reuétuz de pins, ſapins,
orangiers,ponciradiers,cedres, cyprez,petis arbuſtes aroma-
tiques qui ne perdent tout l'an leur verdure , pour l'amenité
du bon air qui eſt en toute celle contree, iadis ancien patri-
moine hereditaire des infelices Grecs , nous paſſames entre
deux forts chateaux & quaſi inexpugnables, qui, de ce coté
là, ſont la garde tres ſeure de Conſtantinoble : puis paruin-
mes à vne montaignette ruïneuſe expoſee aux flots & tor-
métes de mer,car elle eſt toute enuirõnee d'icelle,& eſt droit
à la bouche du deſtroit : en laquelle nous montames pour
contenter notre eſprit,& apprendre touſiours quelque choſe
de nouueau.En ſorte que paruenuz à la cime,viſmes vn tres
antique Trophee,inſigne memorial de la belliqueuſe & Heroïque magnanimité de Ceſar , ſauoir eſt , vne colonne de
marbre blãc,de quinze piez de hauteur & huit de groſſeur,
dens laquelle eſtoient engrauez cés mots, ia,certes pour l'in-
iure du tems fort effacez : CAESAR TANTVS ERAT,
QVOD NVLLVS MAIOR IN ORBE.

Ce que

CÆSAR

Ce que non ſans grande admiracion auoir vn long tems
contemplé,nous deſcendimes en notre eſquif, & vireuoſta-
mes vne fois ou deux, par maniere de paſſetems, ladite
montaignette, paſſee laquelle lon entre en la mer Maieur,
autrement appellee la mer Noire, iadis Axenus, & depuis
Euxinus : pource qu'il ſembloit aux habitans, & circonuoiſins, que ce nom (comme la verité eſt) denotoit malheur:
car Axenus vaut autant à dire, que, ſans pitié & ſans hoſpi-
talité. Celle mer abonde merueilleuſement en Dauphins,
leſquelz ſont tellement tenuz chers des Grecs & des Turqs,
qu'ilz tiennent à grand malheur d'en tuer aucun & en font
concience : ſi que ie vis pour lors aucuns Grecs apres auoir
prins vn Dauphin vif, le remettre dens la mer ſans lui vouloir faire dommage. Et de fait, ilz ont ceſte opinion, que
leur faire aucun mal porte malheur aux nauigans : & m'af-
fermoient aucuns pour choſe vraye & experimentee, que
ſi vne nef venoit à faire naufrage, iceux Dauphins s'aſſembloient autour pour ſoulager les perſonnes & les garder de
noyer, les ſouleuans & ſoutenans ſus leur doz. Outre les
Dauphins, y ha grande abondance de pluſieurs autres poiſſons, qui croiſſent en quantité infinie,& en peu de tems : de
laquelle exceſſiue copioſité la multitude des riuieres,& eaues
douces,qui entrent,& abordent en ceſte mer,ſont cauſe. Et
diray bien que tãt en ce lieu là, qu'aux autres endroits de la
mer Oceane, y croit trop plus grand nombre, & diuerſitez
de poiſſons, qu'en la terre,de beſtes terreſtres : La raiſon eſt,
pource que la nature de l'humidité eſt ſans comparaiſon
plus condeſcendante,& propre à generacion,que n'eſt la ter-
reſtre : occaſion de quoy les anciens par l'eaue ſignifioient
fecondité. Nous donq eſtans ſur ceſte mer,fut propoſee vne
queſtion digne d'eſtre recitee, à Monſieur Ian Chaneau,
natif

natif de Poitiers, par vn perſonnage de la compagnie amateur de vertu & de ſcience : Sauoir eſt , ſi les poiſſons reſpirent,ou non. Aucuns alleguoient l'opinion d'Ariſtote : mais
ie trouuois meilleur,& plus ſeur ſuiure l'opinion commune,
meſmement quand elle eſt fondee tant en autoritez de pluſieurs , que par raiſons qui ſe peuuent deduire à ce propos.
Pour tous il me ſuffit d'alleguer Pline , lequel recite que les
poiſſons non ſeulement reſpirent , mais auſſi dorment , ce
que ne ſe peult faire ſans reſpiracion. Toutefois ceci ne ſe
peult connoitre à leurs yeux,veu qu'ilz n'ont point de pau-
pieres. Des Dauphins & Baleines on ne doute aucunement,
leſquelz bien ſouuent on oit ronfler , meſme la Thunnine
ſe trouue pluſieurs fois aupres des riuages,& rochers endor-
mie. En outre les poiſſons ont bonne ouïe,& bon ſentimét,
& ſont ſans maladie, comme teſmoigne le Prouerbe, iaçoit
que pluſieurs bons auteurs leur en attribuent quelques vnes
comme l'experience nous en fait foy. De deſcrire qui ſont
les plus frians & de plus grand requeſte à manger, ceux qui
demeurent aux villes & lieux maritimes ſauent aſſez ce qui
en eſt : & à ceux qui ſont lointains de la mer , ſeroit vn ſauoir inutile. Ce ſeul point leur ſuffiſe que de leur bonté &
grand eſtime pluſieurs des Rommains en ont prins leur
ſurnom , comme Sergius Orata , qui à grans fraiz & deſpens apporta à Romme la Dorade , qui eſt vn poiſſon digne de louer,tant à cauſe de ſa bonne & ſauorable ſuſtance,
que pour la volupté qu'on prend à le contempler. Les Lici-
niens ont eſté ſurnommez Murǽnes,pource que ſinguliere-
ment ilz eſtimoient, & prenoient grand gout aux Murenes,
qui ſont poiſſons femelles, ſans maſles , appellees des Grecs
Plotæ,& flutæ des Latins, à raiſon qu'elles vont,& flottent au
deſſus de l'eaue. Vn ſeul Pythagoras qui tant frequenta l'Ita-
I   lie,

lie, au dire de quelques vns, ne mangeoit aucunement de
poiſſon : mais il ne s'en faut eſmerueiller, veu les fantaſtiques
opinions qu'il auoit en la manducacion de pluſieurs viandes, ignorant toute creature de Dieu, prinſe auec accion de
graces eſtre bonne, moyennant que ce ne ſoit auec ſcandale.
Que ſi quelcun me replique ſe trouuer par eſcrit Alexandre
auoir fait le ſemblable, il faut qu'il entende que cela ne procedoit d'aucune folle perſuaſion Pythagorique, ou autre ſu-
perſticion qui fut en lui : ains eſtoit vne viue declaracion de
ſon intécion, voulát par telz Symboles, & myſteres, cóme les
Egypciens par leurs lettres hieroglifiques, nous enſeigner, &
imprimer en noz cœurs choſe diuine & ſinguliere, à ſauoir
de ſe taire, & refrener ſa lágue en tems & lieu. Car les poiſſós
ſont muets : à raiſon dequoy les Poëtes Grecs les appellent
Ellopas : ce que Nature, mere de toutes choſes bien nous ha
voulu demontrer & faire ſentir en nous meſmes, lors qu'elle
r'embarra notre langue de doubles ramparts, de dents, & de
leures, voulant donner à connoitre à l'homme quelle mo-
deſtie il doit auoir en ſon parler : à quoy ſouſcrit & ſe cófor-
me le ſage Caton quand il dit : C'eſt grand' louenge & vertu amirable, ſauoir ſa langue refrener, & eſt celui prochain
de Dieu, qui en cela ſe peult bien regir & gouuerner. Mais
pour reuenir à notre propos, on connoit l'aage des poiſſons
aux eſcailles, aſpres & dures, comme on connoit vn Cheual,
ou vn Elephant aux dents. Or puis que nous ſommes ſur les
propos de la Mer Pontique, dite Maieur, nous traiterons ici
deux choſes memorables, & qui (ſelon mon auis) ne
donneront au Lecteur petit contentement : à ſauoir,
quelle eſt l'origine de la Mer Pontique, &
d'ou vient que la Mer s'enfle & regonfle
par certains tems & heures.

De

De L'origine, & source de la Mer Pontique, & d'ou vient, que la Mer s'enfle.

CHAP. XXV.

LVSIEVRS ont esté par ci deuant en grande controuersie de la source de la Mer Pontique,& disent aucuns,qu'elle ha son principe du coté de l'Occident,ou lon dit estre les colomnes de Hercules. Les autres disent qu'elle vient du Septentrion: La raison est,pource que la Mer Pontique flotte & descéd en la Propontide,& ne retourne point: qui est vn indice & argument probable de l'origine d'icelle. Combien que Aristote, & Pline semblent estre de cest auis, que toute la Mer Mediterranee ha son origine de la part de Septentrion.Mais l'Auteur susdit Pline en son Prologue, du troisieme Liure tesmoigne manifestement, que la Mer Mediterranee vient de l'Occident, & diuise l'Europe de l'Afrique(comme recitent tous les Geographes.)Vn autre doute y ha,d'ou prouient que la Mer ainsi s'enfle & se regorge,dont nous l'appellons vulgairement Mer courante. Aucuns attribuent ceste reciprocacion aux Vents , ou au Soleil , ou aux Astres,ou bien au tremblement de Terre. Ceux qui speciallement l'attribuent à la Lune , ont mieux dequoy defendre leur opinion. Car combien qu'aucuns comparent la Mer, aux animaux, qui aspirent & respirent l'air , & que nous voyons en la Mer quasi vn semblable effect, si est ce que l'apparence seulement & semblance, n'a point iustement le nom & tiltre de Verité.Et iaçoit que la Mer reçoiue tant de Fleuues & grosses Riuieres , toutefois elle n'excede ny outrepasse ses limites & bournes : car Nature excellente , & d'une mirable perfeccion en toutes ses euures , y ha proueu,</p>

l 2   tant

tant par la chaleur du Soleil, & des corps celeftes, que par veines, & conduits de la terre. En forte que les Riuieres s'en retournent par deffouz terre, pour aller derechef à la grand Mer Oceane. Apres auoir ainfi paffé le tems fur la Mer Pontique, comme il ha efté recité, nous nous en retournames à Pere pour aller le lendemain, à Rodes. Mais ainfi que nous en prenions la route, le vent nous fut tant contraire, & nous demena tant afprement, que à la fin il nous ietta en la Grece. Qui me fut occafion grande, de voir chofes eftranges & à peu connues, defquelles ores ie vous veux faire part.

De la Grece.   CHAP. XXVI.

RECE (qui eft vne region d'Europe) commence au deftroit de Ifthmos vers le midi, iufques en Theffalie vers Septentrion : & du coté de l'Occident s'eftend iufques au fleuue d'Achelous, qui fepare & diuife les Epirotes des Grecs : deuers l'Orient elle ha la Mer Egee. Cefte region ha efté appellee Grece, d'un Roy qui fe nommoit Græcus, & fut aufsi nommee Hellas d'un filz de Deucalion & de Pyrrha : puis Attique, à raifon d'un filz du Roy nommé Attis, qui fucceda à Cecrops au Royaume : ou bien d'Atthis fille de Cranaus, Roy des Atheniens. Car au parauant cefte region fe nommoit Actica d'Actæon Roy, ou bien d'Acté, qui fignifie riuage, à caufe que la plus part de ce pais là eft presdu riuage de la Mer. Ptolemee (qui eftoit du tems d'Antonin) l'appelle Achaye : ainfi il comprent Peloponefe, dite pour le iourdhui la Moree, & non tant feulement la region Attique, Boëtie, Locres & Phocide : ce que ne fait Pline : fomme, iufques auiourdhui le nom ancien eft demeuré. Ie ne parle point de la grand' Grece, ou Pythagoras (comme difent

Laërce,

Laërce,& S. Auguſtin) ha eſté Auteur de la Filozofie Itali-
que. Ie traite donq en general de la Grece ſans rien particu-
lariſer. Quant à la condicion des habitans de ladite Grece,
ilz ont tous eſté eſclaues depuis la prinſe de Conſtantinoble,qui eſtoit leur ville principale & capitale , faite par Mehemet ſecond de ce nom,Empereur cruel en guerre,& meſme contre ſon propre ſang tirant & inhumain : lequel fit
mourir deux de ſes freres (choſe deteſtable) pour paruenir à
la couronne Imperiale,comme la coutume des Turqs porte.
Or ne fut elle prinſe à fauſſes enſeignes , & ſceut bien ledit
Mehemet à quoy ſen tenir. Car ladite ville combattit magnanimement , l'eſpace de quatre mois , auant qu'il la peuſt
onques prendre. En leſquelz furieux & ſanguinaires aſſaux
l'Empereur des Grecs , nommé Conſtantin , douzieme du
nom , mourut l'eſpee au poing : & ha eſté le dernier Empereur Chreſtien de la Grece. Depuis, les Grecs ont eſté tous
ſequeſtrez & priuez de leur propre pais,drois,libertez, fran-
chiſes,& immunitez : ce que Dieu ha permis pour les grandes erreurs eſquelz ilz eſtoient , & ſont aueuglez iuſques à
preſent. Autrefois ilz ont dominé ſept Prouinces, ſauoir eſt
la Grece , Dalmacie, Epire, Elade, Theſſalie, Macedone,
Achaïe, & deux Iſles de mer,ceſt aſauoir Crete, & Cyclade.
Et qui donne vn merueilleux regret,que tant noble contree
ſoit tombee entre les mains de nacion ſi barbare , ceſt , que
autrefois elle ha eſté mere, & nourriciere de la Filozofie, &
maitreſſe de toutes bonnes ſciences. Auſsi certes pour lors le
peuple de Grece eſtoit plus benin & plus obeïſſant aux Loix,
que maintenant , comme raconte Varron au Liure de la
Louenge des Grecs.Ie prie à Dieu qu'il vueille enluminer les
cœurs de noz Princes Chreſtiens , à fin de mettre leur puiſſance à recouurer les predits lieux tiranniquement occupez

l   3   par

par lefdis Turqs & infideles, en tout ce grand & fpacieux corps y ha deux penetrans yeux. Que dy-ie, y ha ! mais anciennement furent. O inconftance & mutacion des chofes! que ce corps qui ha efté tant celebre, tant noble, & tant lumineux, maintenant foit aueuglé & plein de tenebres ! mais voyons la lumiere que ce corps, fauoir eft la Grece, ha iadis euë.

De Lacedemone.　　　　　C H A P.　X X V I I.

Q VANT aux Lacedemoniens nommez de Lacedemon filz de Iuppiter, ilz vfoient de droit coutumier, par lequel n'eftoit licite aux Citoyens d'aller es païs eftranges, de peur qu'ilz n'apportaffent nouuelle façon de viure, comme eft auenu en plufieurs païs. Auffi à Sparte, ainfi nommee du nom de la fille d'Eurotas femme de Lacedemon, aucun Eftranger n'eftoit receu, finon qu'il fut vtile à la Republique: vifans à ce but (comme recite Thucydide) que les Eftrangers n'apportaffent leur façon, & maniere de gouuernement differente de celle des Citoyens, d'ou plufieurs nouueaux, & difcordans Iugemens, (chofes trefdommageables à vne Republique) pouuoient furuenir. Dauantage, Lycurgus qui attribuoit fes loix & ordonnances au Dieu Appollo, fus la promulgacion defquelles il l'alla confulter en Delphos (comme plufieurs autres Legiflateurs auoient *Louable cou* fait) voulut que les Vierges fuffent mariees fans aucun dot, *tume des La* à fin que les femmes ne fuffent choifies pour leurs richeffes, *cedemoniens* ou fucceffion de biens, & que leurs mariz euffent plus grande autorité & puiffance, quand ilz fe verroient n'eftre tenuz à reftitucion de douaire: Autremét le mari acquiert figneurie fur lui des parens du coté de fa femme. Auiourdhui non

feulement

seulemét on ha esgard aux richesses des Filles à marier, mais aussi des hommes. Toutefois (comme disoit Themistocles) il vaudroit beaucoup mieux marier sa fille à vn homme sans argent, qu'à de l'argent, sans homme. Ledit Lycurgus voulut aussi par ses statuz qu'on portast honneur & reuerence generalement à tous vieillarts & anciens, sans nul excepter, ny auoir aucune accepcion des condicions, fut riche ou infime: en sorte qu'il n'y eut onques païs, ny contree, ou l'on fist plus d'honneur à vieillesse, qu'en Sparte: qui est vne chose de tout point conforme tant au droit Diuin, que Ciuil: & qui iadis ha esté bien obseruee par les Rommains, ainsi que raconte Valere le grand. Il ne vouloit pareillement qu'aucun adoptast pour son filz celui d'autrui sans le gré, & autorité du Roy: qui auec ce, auoit la charge des guerres: les Magistrats des Iugemens, & decision des proces: le Senat des statuz: le Peuple de creer les Magistrats: tellement qu'vn chacun estoit auerti de bien aministrer son office, ainsi que nous demontre le prouerbe allegué par plusieurs auteurs, lequel, Erasme au commencement de la cinquieme Centurie de sa seconde Chiliade expose si bien, & tant doctement, que certes, on ne pourroit mieux. Nous lisons aussi que les Lacedemoniens vsoient de fifres, & harpes en guerre, mesmement quand ilz marchoient contre l'ennemi, & qu'ilz vouloiét venir aux mains: ce qu'ilz faisoient pour inciter les courages au combat, & mespriser la mort: ou bien (comme dit Thucydide) à fin qu'au son egal de ces instrumens ilz marchassent en bon ordre, portans en leurs escuts ceste lettre Grecque Λ, Lambda: Et quád viendroit à se combattre, qu'ilz ne laissassent leur rang. Ceste maniere de Musique s'appelloit Melos Castorium. Mais auant que donner bataille, & venir à la meslee, la Lune estant pleine (comme aucuns disent) le

Erasme 5. de
sa 2. chi.

Roy

Roy ſacrifioit aux Muſes vne Chieure, à fin que les Lacedemoniens fiſſent choſe digne de memoire, & de recommandacion. Les Filles à marier auoient la face deſcouuerte pour
trouuer pluſtot mari : Les femmes mariees auoient le viſage
couuert, pour le contregarder, entretenir, & conſeruer en ſa
naïue beauté , comme certain moyen de complaire à celui
ſeulement qui eſtoit leur mari, amy, tuteur, & en lieu de pere.
Et pource que les ieunes gens entre leſdis Lacedemoniens
n'eſtoient iamais ſans maitre & capitaine , ilz en auoient vn
qui ſe nommoit Iren , lequel commandoit aux plus grans
d'abbattre du bois, commandement certes aſſez eſtrange, &
d'un exercice aſſez mechanique : aux petis, de prendre &
deſrobber tout ce qu'eſt neceſſaire à la vie humaine. Neantmoins ceux qui eſtoient trouuez ſur le fait (car il y ha pluſieurs manieres de larrecin) auoient du fouet, non pour raiſon que le larrecin fuſt defendu & prohibé , ains pource
qu'ilz reputoient celui eſtre nyais & de poure entendement,
qui n'auoit ſeu ſecrettement, & ſutilement deſrobber : Outre,
quand ledit Iren commandoit à quelcun d'eux de propoſer
aucunes queſtions ſutiles, & graues, il failloit que le reſpon-
dant fiſt ſa reſponſe brieue : par ce moyen eſtans duits , &
exercitez d'uſer promptement d'une grauité de langage, qui
n'eſtoit ſans delectacion ſerieuſe & proufitable, ny ſans coa-
ceruacion de pluſieurs ſentences comprinſes en brieues paroles : leſquelles nous pouuons auec Plutarque appeller Apo-
phthegmes : ce qui ha donné commencement à ce prouerbe : Que les hommes pourroient pluſtot deuenir Filozofes,
que d'enſuiure la maniere de parler des Lacedemoniens, qui
ſe dit Laconiſme. Et quand tout eſt dit, certes, ceſte brieueté
d'oraiſon n'eſt de petite reputacion & eſtime entre les mortelz, meſme eſt fort aggreable à Dieu, ainſi que lui meſme le
                                                      nous

nous demontre en S.Matthieu reprenant la battalogie & su Galath.5.
perfluité de paroles des Scribes & Pharisiens en leurs orai- Matth.22.
sons, ce que non seulement est odieux en prieres, mais aussi
en reigles,loix,& enseignemens quelz qu'ilz soient.Parquoy
à bon droit ha dit S.Paul , que toute notre Loy git en deux
commandemens. Et de vray,nous voyons que tout le Vieil
& nouueau Testament, ne contiennent sommairement que
cinq choses : la Magnificence , Munificence , Misericorde,
Iustice de Dieu le Createur,& la Misere de l'home.Parquoy
Lycurgus interrogé du capitaine Charilaus pourquoy il auoit
establi si peu de statuz,respôdit droitemét,qu'il n'estoit besoin
de beaucoup de loix à ceux qui parlent peu.Pour resolucion,
ce Legislateur estoit merueilleusemét songneux d'instituer la
ieunesse tant en sobrieté , & austerité de vie, (qu'il estimoit
grandement profitable à la santé, & accroissemét du corps)
que à courir,chasser,auoir chaud,froid,soif,faim,& endurer
plusieurs autres choses , qui communement auiennent aux
hommes, & qui des la ieunesse experimentees, souffertes, &
d'un long vsage tournees en naturel , rendent l'homme ro-
buste, dispost, idoine à faire faccions entreprinses & Strata-
gemes de guerre:mesmes le font durer côtre tous labeurs,&
auersitez,qui peuuent suruenir. Plus il vouloit que les sacri-
fices ne fussent pas somptueux, & de grand' cout : car il disoit que Dieu sonde & considere le cœur,non pas la main.
Ce que le Createur mesmes par ses saints Prophetes,& Euan
gelistes nous ha enseigné & reuelé. Les prouerbes donques
vsitez & receuz de cette nacion n'ont esté inuentez sans cause,comme, *la doctrine Laconique* : pour doctrine sentencieu-
se brieue & fort compendieuse. Et que les femmes de Sparte seules engendroient les hommes, comme gens nez à tout
honneur & vertu. Mais vraiment ores la chanse est bien
m   tournee,

tournee, ce n'eſt plus Lacedemone la bien moriginee, Lacedemone la tant vertueuſe & bien policee,qui iadis fut exemple de gloire & de vertu à toutes autres nacions : certes à
parler rondement on ne la vous ſauroit mieux definir ou
deſcrire que par le rebours & oppoſite des vertuz que deſſus. Car l'auarice (racine de tous maux , & qui empeſche de
monter aux ſaints tabernacles de Dieu) l'ha miſe du tout
en ruine, ainſi qu'auoit eſté predit à Alcmenes , & Theo-
pompe , Rois d'icelle : ce que les Princes à preſent doiuent
bien noter. Combien qu'aucuns diſent que la ruine de ceſte
ville eſt procedee de paillardiſe , qui n'eſt choſe moindre
pour deſtruire,& abolir vn Royaume,que l'auarice, comme
il nous appert par les hiſtoires tant ſaintes , que profanes. Ie
ne mets en conte (qui eſt bien le principal) la vraye cōnoiſ-
ſance de Dieu qu'ilz ont perdue , comme cy apres ie traite-
ray en general.

D'Athenes.   C H A P.   X X V I I I.

E N O N S donq à l'autre euil de la Grece, en
toutes manieres plus excellent que le prece-
dent, qui eſt la Cité d'Athenes, appellee du
nom de Pallas,ſituee entre Achaie & Macedone,en la region qu'on appelle la terre At-
tique.Ceſte cité fut premieremét dite Cecropia,de Cecrops,
qui premier la fonda : puis Mopſopia de Mopſus : & Iōnia
de Iōn filz de Xuthus,ou bié d'un Ianus filz de Iaphet,com-
me recite Ioſephe.Mais le nom de Minerue lui eſt demeuré,
comme le plus excellent. Là eſtoit iadis la fontaine des Lettres,& ars liberaux : là eſtoit l'habitacion,la retraite & abord
de maints Filozofes diuiſez en pluſieurs ſectes : là toutes
ſaintes loix & ordonnances eurent leurs cours. Leſquelles
par

par Dracon furét escrites,& depuis par Solon le Salaminien
reuues au long , & en partie abolies , à raison des grandes
peines qu'elles contenoient : en partie amplifiees, & publiees
au Peuple. Mais en ce nous ne sommes pas tant seulement
à eux redeuables & obligez , ains pour les vsages d'huile, de
vin, & des labourages qui de leur premiere industrieuse inuencion sont à nous deriuez : & fut ceste ville tant excellente,qu'on l'appelloit la Bibliotheque, le firmament, le grenier,
Brief, la gloire des Grecs, & par excellence, Asty : cestadire
ville , comme estant la premiere & principale de toutes autres. le susdit Solon establit vne Loy en icelle par laquelle il
defendoit de mesdire des morts , & de plorer la sepulture
d'iceux. Ce que le Chrestien doit bien noter & obseruer, à
fin qu'il ne se contriste, comme ceux, qui n'ont point d'espe-
rance.Il ordonna que le filz ne seroit tenu nourrir son pere
par lequel il n'auroit esté endoctriné en quelque moyen de
viure.Au regard de ceux qui n'auroient esté procreez,& extraits,de bon & loyal mariage,ne les ha vouluz contraindre
d'alimenter leur pere , ou mere : attendu que ceux qui par
paillardise engendrent enfans, declairét assez qu'ilz s'estudiét
à volupté, & non à procreacion. Parquoy se rendent indignes du secours des enfans ainsi engendrez.Combien qu'au
cuns disent qu'il ha esté inuenteur des bordeaux, qui est vne
chose de Dieu expressement defendue , à quoy toutefois à
present on n'a aucun esgard:mais dit on (pour trouuer quelque couleur à l'humaine sensualité) que cela se souffre pour
euiter vn plusgrand mal:combien que S.Paul leur allegue le
contraire,escriuant aux Rommains, qu'il ne faut faire mal à
fin que bien en auienne:& en la premiere aux Corinthiens,
que les paillars n'auront point part au Royaume de Dieu.
Plus ledit Solon ordonna que les premiers de la Cité qui

m 2   seroient

ſeróient trouuez yures fuſſent punis de mort, faiſant en outre commandement expres en vigueur de Loy, quʼvn chacun manant & habitant de la cité deuſt par chacun an, faire
apparoir au Magiſtrat de la ville (tenát meſme lieu que fönt
auiourdhui noz Ballifz, ou Seneſchaux) dequoy ilz viuoiét:
autremét, en faute de ce faire, & de ne mótrer la façon de viure eſtre raiſonnable & iuſte, conuenoit prendre mort: de
laquelle Loy ont vſé long tems les Atheniens, pour eſtre tres
louable, & fondee en toute equité. Et la tenoit ledit Solon
(comme recite Herodote) dʼun Roy dʼEgypte nómé Amaſis. Il eſtoit ſemblablement ordonné en ladite ville dʼAthe-
nes, quʼil y auroit action contre celui, qui auoit eſté ingrat.
De maniere que celle ville ha eſté comme vn vray Temple
de toutes bonnes meurs, toutes vertus & integrité de Iuſtice:
vne parfaite Academie dʼeloquence, de Filozofie, & toutes
bonnes diſciplines politiques & autres. mais pour le dernier
trait & cóſommacion abſolue dʼun tel chef dʼeuure, S. Paul lui
ha baille la lumiere de vraye ſapiéce, ce q̃ ne ſit onques Soló
par ſes Loix, ny Socrates, Platő, ny tous autres par leur Filozofie: car ilz traitoient ſeulement la Filozofie externement
moralle, & ſeulement charnelle en quoy bien ſouuent encores confeſſoient ilz leur doute & ignorance, pluſtot que de
determiner aſſurément des choſes. Au contraire S. Paul a-
nonçoit, declairoit, affermoit choſes celeſtes & hautes, leur
preſchant la croix de notre Sauueur Ieſu Chriſt, qui eſt lʼu-
nique parfaite, & irrefragable ſcience de ſalut & vie eternelle, ne doutant aucunement en toùtes ſes propoſites,
ains ſachant fort bien tout ce quʼil enſeignoit eſtre prins du
Docteur des docteurs. Lors qui leur expoſoit appertement le
Dieu inconnu quʼilz adoroient, leur mettant deuant les yeux
pluſieurs autres choſes, que S. Luc declaire aux Actes des
Apotres.

Apotres. Au moyen dequoy, en petit de tems l'Eglise des
Atheniens fut nombree entre les principales : mais quoy?
ilz n'ont pas tenu long tems, ny gardé ce que Saint Paul
& apres lui , Quadratus, & tant d'autres bons Docteurs
Grecs (desquelz Saint Ierome fait mencion) leur auoient
presché : Parquoy, le diable, leur sensualité, leur desirs char-
nelz & voluptueux, les ayás destournez de la vraye lumiere,
qui est la parole de Dieu, il ne se faut esbahir si ce corps, iadis
tant lumineux & tenu en grád pris, ha perdu les yeux & venu en decadence : ce que l'Eglise Occidentale doit bien diligemment, nuit & iour considerer & premediter. Car quand
la maison de notre voisin brule , nous auons occasion de
craindre & de surueiller. Or est Athenes maintenát ruïnee,
& y voit ont encores à present belles antiquitez , & choses
qui ont esté autrefois de grande excellence, qui encores res-
iouissent & recreét ceux qui de pres les cótemplét. Mesme du
tems q̃ i'estois en ladite ville, vn Chrestié renié me mena dés
sa maison pour voir vne statue qui n'agueres auoit esté trouuee bien profond dens terre: laquelle estoit de marbre blanc
bien poli , de la grandeur d'un enfant de trois ans , portant
sus son chef vn chapeau de feuillage à la façon antique , &
auoit vétu vn corselet ou anime, à la mode des anciens Ró-
mains. Le blanc des yeux estoit de fin argét: ce qui autrefois
tenoit le lieu de la prunelle estoit perdu, & ne se voyoit que
la place vuide , cóme la place de quelque diamant ou rubis
deschassé d'un anneau. Elle auoit le bras dextre rompu à len-
droit du coude: au bras senestre tenoit en main vne hure de
Sanglier : & auoit à ses piez vn escriteau , dens lequel estoit
escrit en caracteres Grecs Αχιλλῆ Φιλτάτῳ, c'estadire à
Achilles le tresaymé. Outre cela ie ny ay veu chose qui mé-
rita le descrire. Vray est qu'il y ha quelques Colomnes &

m 3			Obel

Obelisques : mais elle tombent toutes en ruïne : aussi quelques apparences de plusieurs collieges,ou(selon la commune
opinion des habitans du lieu) Platon lisoit,faits en forme du
Colisee Rommain. Or est ceste cité(iadis tant celebre,& tát
renommee) habitee des Turqs, Grecs, & Iuifs, qui ont peu
d'esgard & de reuerence à telles memorables antiquailles.

Des Patriarches de Grece, & de leurs erreurs.

CHAP. XXIX.

Quant

V A N T aux Patriarches de l'Eglise Orientale, (qui font atournez & vétuz en la maniere que pouuez voir en cefte figure) ilz font
quatre en nombre : le premier & principal,
eft celui de Conftantinoble : le fecond celui
de Ierufalem : le troifieme celui du Caire : le quatrieme celui d'Antioche. Cefdis Patriarches ont grand puiffance fur
les Grecs, encores qu'ilz ne foient pas fort riches:car tout le
reuenu qu'ilz ont chacun annuellement pour viure, monte
feulement à deux cens Efcus. Chacun d'eux ha païs certains
fouz fon regime & gouuernement Ecclefiaftique. Celui
de Conftantinoble ha le païs de Candie,de Chio,& tous les
Grecs de l'Empire de Conftantinoble,iufques à Philipopuli,
& tout le païs d'Athenes, & de Natolie. Celui de Ierufalem
ha tout le païs de Cypre,& de Iudee,auec la plus grand part
de la Galilee. Celui du Caire ha le païs d'Egypte, d'Alexandrie,d'Afrique, & autres païs circonuoifins. Celui d'Antioche ha le païs de Syrie,d'Armenie maieur & mineur,iufques
en Perfe. Ces fufdis Patriarches font efluz, & efleuez en ceft
office de Principauté fort Anciens, & portans grande barbe blanche : auec ce ayans vne telle grauité honorable, &
telle douceur de vifage qu'ilz incitent les hômes à les hono-
rer.Vous me demanderez parauanture,pourquoy lefdis Patriarches,& le Populaire nous haïffent ilz tant,& ne veulent
fuiure notre Loy? ie vous refpôs qu'ilz fe difent eftre les premiers conuertis à la Foy, & fe perfuadent totalement, que
nous autres auons aiouté à l'Euangile.Ilz errent en plufieurs
endrois : car en premier lieu, ilz font la Cene, & communion fouz l'efpece de pain leué, & donnent le pain à part:
Ainfi à pafques tant grans que petis font la recepcion fouz
deux efpeces : ce que le Pape Iule, efcriuant aux Euefques

d'Egyp

d'Egypte reprend, auec plusieurs autres ceremonies par eux
obseruees en diuerses pars. Des sacremens de l'Eglise catholique ilz n'en tiennent conte,& ne leur portent aucune reuerence : ains si quelque Prestre celebre la messe sus leurs autelz à la mode des Latins, la Messe dite, ilz lauent lesdis autelz , comme silz estoient poluz & immondes, & que nous
fussions excommuniez. Dauantage ilz disent, comme les
heretiques Arriens,que le bien que nous faisons pour les de-
functs, comme ieunes,aumones,oraisons,& autres suffrages,
ne leur sont aucunement proufitables.Et sont aussi d'opinió,
mesme ilz l'afferment, qu'il n'y ha point de purgatoire : ce
que le Chrestien bien né iamais n'accordera : car qu'il y ait
vn purgatoire, c'est vne opinion tant approuuee par l'Eglise
Rommaine, par les saints decretz,& par les saints peres,qu'il
n'en faut plus douter. Parquoy aller alencótre de ces ordonnances seroit diuiner,& idololatrer. Qui plus est, le iour du
Vendredi saint,le Patriarche excommunie le Pape, l'Empereur,les Princes chrestiens,& tous ceux qui sont souz l'obeis-
sance de l'Eglise Rommaine , iaçoit que Dieu nous ait expressement commandé de prier pour noz ennemis. Au regard des Saints & Saintes, ilz n'y ont aucune reuerence , ou
bien petite. Plus en Ierusalem le Patriarche , & ses Euesques
commettent vn grand abuz , (ce que i'ay veu de mes propres yeux) car ilz persuadent au Peuple que la veille de Pasques,le feu descend de Paradis entre les mains dudit Patriarche estant enfermé dens la chappelle , ou est le S. Sepulcre.

Le Mariage Les prestres de Grece sont mariez,comme les laiz, hors mis
des Prestres que quand leur femme est morte , ilz ne se peuuent rema-
Grecs. rier:que si de fortune ilz sont trouuez en adultere,Dieu scet
silz sont grieuement punis. Certes le Magistrat ha tellement
l'œil à cela qu'il ne pardonne à nul , ains les chatie en toute
seuer

ſeuerité & rigueur. Ilz ne peuuent confeſſer tandis qu'ilz
ſont mariez, pource que la confeſſion ne ſe doit deſceler,
ce que facilement auiendroit, par flaterie, & decepcion de
leurs femmes, eſtant choſe certaine que l'homme qui eſt
marié n'eſt ſans Eue, c'eſtadire, ſans tentacion. Si vous me de-
mádez la cauſe pourquoy les Preſtres de Grece ſont mariez,
veu que ceux qui ſont ſuietz à l'Egliſe Rommaine ne le
ſont point:ie vous diray, qu'ilz ne ſe ſont obligez à vœu de
continence, comme l'Egliſe Occidentale, en quoy leur eſtat
n'eſt pas tant excellent, que de ceux, qui ont voué chaſteté,
moyennant qu'ilz gardent, (cela s'entend) la promeſſe qu'ilz
ont faite à Dieu. Toutefois pluſieurs reſueurs & mal entéduz
s'efforcent de prouuer que les Preſtres tant Occidentaux,
qu'Orientaux doiuent eſtre mariez:ce que de ma part i'eſtime eſtre faux. Ie ne puis trouuer qui fut le Pape par lequel fut faite ceſte interdiccion de mariage aux Preſtres de
l'Egliſe Latine. Aucuns diſent que ce fut Gregoire, moyne
de Cluny. Les Allemans diſent que ce fut le Pape Calixte,
au concile de Nice. Les autres tiennent que ce fut au concile de Nicee, ce que ie ne croy ny de l'un ny de l'autre : & ſi
telles ordonnances ont eſté faites faut entendre que c'eſtoit
pour les Preſtres de l'Egliſe Orientale & nō Occidentale. Tu
entendras vn mot quát aux Preſtres Grecs, c'eſt, qu'vn homme marié peult eſtre fait Preſtre, & celebrer le ſacrement:
mais vn Preſtre qui eſt ià cōſacré ne ſe peult iamais marier:
(ainſi le teſmoigne Innocent troiſieme)mais le trouble d'aucuns Libertins ſubuertit & fait perir ceux qui ont l'entendement leger. Aucuns des Grecs fondent leur refuz d'obeïr à
l'Egliſe Rommaine ſus les Apotres,leſquelz ilz diſent auoir
eſté mariez, comme il ſe trouue en la ſainte eſcriture. Mais
vous connoitrez qu'apres que Dieu les ha faits ſes Apotres,

n   ilz

ilz ont tous laiſsé : comme atteſte ſaint Pierre. Et ſi lon dit
que ſaint Paul eſcriuant aux Corinthiens ha vſé de ces paroles : N'auons nous pas puiſſance de mener çà & là auec
nous vne femme ſeur, comme les autres Apotres & freres de
notre Signeur, & comme Cephas ? Ie vous reſpons qu'il dit
bien mener çà & là vne femme ſeur , comme les autres:
mais c'eſtoit pour la nourrir , & alimenter des biens & aumones de la predicacion : car de copulacion charnelle ne ſe
fait aucune mencion. Et ce mot (ſeur) vous doit donner à
entendre l'intencion de S.Paul , lequel eſt bien declaré par
S.Gregoire,Canon presbyter,en la Diſtinction xxxij.Il y ha
pluſieurs autres autoritez qu'on pourroit alleguer, qui toutes
s'entendent de l'Egliſe Orientale.Vray eſt que les Preſtres du
Vieil Teſtamét eſtoient mariez, & à leur tour demeuroient
au Temple ſans en bouger,& auoir cõpaignie de leurs femmes , leſquelles ilz prenoient en mariage pour auoir enfans,
qui ſuccedaſſent à la dignité ſacerdotale. Car pour lors autres n'y pouuoient paruenir, que ceux de la ſeméce d'Aaron.
Mais ceſte ſucceſſion de ſang eſt auiourdhui defendue,com-
me il appert au Cocile de Poitiers, qui eſt enregiſtré au premier chapitre des Prebendes.Parquoy vaudroit mieux qu'ilz
veſquiſſent tous en continence. Car comme dit S.Ierome
contre Iouinian , ſi vn chacun laiz fidele ne peult bien vac-
quer à oraiſons & ieuſnes, qui ne s'abſtienne pour vn tems
d'habiter auec ſa femme , que dirons nous du Preſtre , qui
doit touſiours prier Dieu, & ieuſner ? ioint que celui qui eſt
marié ha ſoucy des affaires mondains, & comment il plaira
à ſa femme , & pourautant eſt diuiſé : Mais celui qui n'eſt
point marié ha eſgard aux choſes du Signeur,& s'eſtudie entierement comment il lui plaira:tachant iour & nuit d'auoir
la connoiſſance de la diuine verité , qui eſt le meilleur don,
que

que l'homme peult auoir de Dieu , de la plenitude duquel nous receuons toute prudence , & ſapience. Ainſi le preſtre viuant en continence peult auoir tout ſon cœur, & ſon treſor en Dieu, puis qu'il ha la totale puiſſance de ſon corps, ce qu'il n'auroit eſtant en mariage. Au reſidu il eſt raiſonnable qu'vn Preſtre qui ha fait vœu de continence,le garde,côme la Rubrique Canonique l'amonneſte. Ce qui ne nous doit ſembler eſtrange,veu que nous liſons les Garamantes (peuple barbare de Lybie)ne ſe marier iamais:pour concluſion, ie croy que continence eſt vn don de Dieu. Et pour autant ſi voulons viure en chaſteté, il nous faut implorer l'ayde du Signeur , ainſi que Salomon nous enſeigne , à fin que nous ſoyons celeſtes. Ie pourrois ici deduire pluſieurs raiſons, par leſquelles l'Egliſe Rommaine ha bien, & deuëment ordonné, que les Preſtres fuſſent chaſtes , & fiſſent vœu de continence : mais ie m'en deporte , pour euiter toute ennuyeuſe prolixité. Toutefois ie diray vne choſe, à quoy les Eueſques doiuent auoir eſgard , ſur peine d'eſtre participans du peché d'autrui, qu'ilz n'impoſent ſi tot la main à tous venans,comme reſcriuoit S. Paul à Timothee : car de là vient que pluſieurs ne gardent continence , pource qu'ilz ſont eſleuez en ceſte dignité Sacerdotale,eſtans trop ieunes,ignorans,& mal moriginez : paſſons outre.Quant aux tailles & tributs,il faut noter que la ville d'Athenes (iadis vne perle de ce Monde) eſt maintenant fort auilee, foulee & aſſeruie : car les Grecs pour poure & miſerable maiſon que ce ſoit,payét pour chacun feu vn ſoultain,vallant vn Ducat:& pour chacune beſte vn aſpre, qui vaut dix deniers. Or apres auoir veu ces lieux de la Grece, ſpecialement les fondemens de la ſuperbe Cité, dont vous ay parlé ci deuant, encores tous entiers, toutefois couuerts d'herbes , enſemble vn Theatre aſsis ſus grans pil-

*Sapien.*8.
*Philip.*1.

n 2   liers

liers de marbre , duquel les Grecs auoient fait vne Eglise de
S. André : nous donnames voile au vent, (nous estans embarquez dens vne Nau Turquesque) & auec vent propre &
mer fort calme, outrepassans plusieurs petites Isles, vinmes à
Rhodes,le deuxieme de Nouembre : ou estre mis en terre, il
ne faut demander si i'auois matiere de me resiouir , attendu
que la peste estoit en notre Naue:laquelle maladie les Turqs
ne craingnent aucunement : disans que Dieu scet bien de
quelle mort nous deuons mourir , & si nous deuons estre
noyez , nous ne pouuons estre penduz : ce qui est contre la
Foy Catolique, & contre l'opinion de plusieurs bons & anciens Docteurs.

De Rhodes.   CHAP. XXX.

[Act.21.] R H O D E S , (de laquelle fait mencion S. Luc
aux Actes des Apotres) est vne Isle en la
mer Mediterranee, à l'opposite de Lysie, fort
renommee,& fameuse sur toutes autres Isles,
pour les choses dignes de memoire qu'à pre-
sent vous diray. En premier lieu,les lettres ont grandement
flori en la ville principalle d'icelle , iadis nommee Ialisos,
maintenant Rhodes, dont ores elle tient le nom : & ce,tant
es sciences Mathematiques , qu'en eloquence & art de bien
dire:tellement que quand Aristippus disciple de Socrates fut
ietté par Naufrage au riuage de Rhodes(ainsi que recite Vi-
truue)& qu'il vid les figures Geometriques,s'escria d'un visage ioyeux à ses compaignons,ayons esperance mes amis, dit
il,puis que ie voy à ces signes & traits, qu'en ce lieu habitent
vrays hommes:qui fut vn dire non moins argut que veritable. Car , certes adonq nous commençons d'estre hommes,
quand nous appliquons noz esprits à sciences honnestes, (le
dernier

dernier reng desquelles ne tiennent les Mathematiques)considéré que l'homme est né proprement à la connoissance & percepcion des choses hautes & grandes, qui auec leur labeur apportent gloire, honneur, reputacion, & tiltre de vraye vie. Au contraire l'homme ignorant & sans sauoir est par le Sage nommé l'image de mort. Ceste Isle combien qu'elle soit cōtee la troisieme d'Asie, toutefois n'a pas du tout retenu la maniere de parler du païs : ains ha suiui vne autre maniere de langage, en sorte que les Rhodiens en leur parler n'estoient en tout Attiques, ny entierement Asiens : mais tenoient en partie du païs, en partie de l'auteur. Car Eschines, pour vn sien bannissement & Ostracismes choisit ce lieu là, ou il porta auec luy les escolles & estudes d'Athenes : Mais comme choses semees en ciel & terre estrange, facilement degenerent, ainsi les Rhodiens meslerent la douceur Attique, auec l'Asienne : dont s'en est ensuiui vne tierce espece de langage, sauoir est, le style de Rhodes : qui certes n'est semblable aux premieres sources de celle melliflue fonteine Attique, ny aussi tenant du Torrent trouble & limonneux. Là semblablement se trāsporta Ciceron (qui desia auoit grand bruit à Rōme, en matiere de plaid, & de bié trousser vne harangue) pour ouir ceux qui faisoiét profession de l'art de bié dire : & nōmément s'addonna, à ouir Apollonius Molon, lequel ia parauant il auoit veu & entendu à Romme, comme bien sachant, que nous auons tousiours l'occasion de lire & non pas d'ouir, auec ce que la voix viue ha beaucoup plus d'efficace & d'energie, que la doctrine (si i'ose dire) morte, qui nous est communiquee par les escris. Or n'a esté Rhodes seulement fameuse & bien renommee à cause des lettres humaines & arts liberaux : mais aussi pour la grande industrie & ingenieux artifice que les habitans d'icelle auoient à faire

Nauires,enſemble l'experience certaine & inuariable d'icelles
bien regir & conduire ſus mer,en ſorte que Homere pere de
tous Poëtes,pour raiſon de neuf Nauires,ou plus, de l'ingenieuſe maniſacture deſdis Rhodiens,que Tlepolemus filz de
Hercules & Aſtioche, qui lors les Signoriſoit, mena deuant
Troye, appelle iceux Rhodiens gens d'honneur & de vertu.
Parquoy non ſans cauſe(comme les noms conuiennent ſouuent aux choſes) la ville de Rhodes fut ainſi nommee, de
Rhodon, qui ſignifie en Grec Roſe, nom extrait de ce verbe rheo, ou ozo, qui ſignifie la grand' odeur qu'elle rend.
Combien qu'aucuns diſent, que Rhodes eſt appellee du nom
de Rhodia, fille qui fut grandement aymee d'Apollo, dont
non ſeulement la ville de Rhodes, mais auſsi toute la côtree
enuironnee de mer, fut nommee l'Iſle du Soleil, outre pluſieurs autres noms qu'elle ha eu.Car parauant elle s'appelloit
Ophniſſa, Aſteria,Aethræa, Trinacria,Corymbia,Pœceſſa,
Atabyria, puis Macria, & Oloeſſa. Encores Strabo auteur
graue aioute deux autres noms Staclia,& Telchinia,des Tel-
chins,qui iadis tindrét Rhodes,laquelle ilz nommoiét pour
lors Ialiſos:leſquelz (deſcenduz du Soleil & de Minerue, ou
bien ſelon l'opinion d'aucuns,de Saturne,& d'Aliope)furent
adonnez à toute meſchanceté,côme ſortileges,incantacions,
enchantemens & tous autres genres de decepcions : tellemét
qu'ilz tuoient les hommes de leur regard, changeoient, &
transformoient tout ce qui ſe trouuoit deuant eux:combien
qu'aucuns diſent qu'ilz eſtoient gens de grand eſprit, & que
pour l'enuie qu'on auoit conceuë ſus eux, on auoit ſemé ce
bruit, qu'ilz eſtoient Sorciers & enchanteurs. Ceſte Iſle de
Rhodes ha de circuit cent trente mille pas, & eſt treſfertile
en toutes choſes:qui meut Pindare de dire qu'en icelle auoit
pleu grand' quantité d'or : attribuant telle ſi riche pluye, &
tant

tant pour le iourdhui prefque de tous defiree à la connoiffance des lettres,exercices de bonnes difciplines,intelligence
des chofes celeftes & diuines,& affluéces de tous biens.Or fe
delectoient merueilleufement les Rhodiens en belles ftatues,
grás Coloffes (defquelz parlerons ci apres) & en riches Ta-
bleaux,dont nous lifons que Demetrius iadis roy de Macedone,furnommé le vainqueur,ayant afsiegé la ville de Rhodes, ne la voulut prendre daffaut, pource quil ne la pouuoit
battre que dun coté , ou eftoit vn tres riche tableau , chef
deuure de Protogenes, fi que ledit Protogenes:qui eftoit aux
fauxbourgs en larmee dudit Roy. fefcria tout haut, Demetrius fait la guerre aux Rhodiens , & non aux arts & fciences. Pour le feul refpect defquelles ledit Demetrius leua fon
fiege , ne voulant plus outre pourfuiure loccafion oppor-
tune de la victoire que facilement il pouuoit auoir fus fes
ennemis.

Des Coloffes de Rhodes.　　　　CHAP. XXXI.

I c I cônuient traitter du Coloffe des Rhodiens chofe entre toutes autres memorable:
pour fon inufitee hauteur, & afsiete du tout
eftrange. Les bons auteurs appellent Coloffes, groffes & hautes ftatues , femblables aux
grandes Tours , lefquelles pour la grandeur & hauteur def-
mefuree quelles ont,donnent grand frayeur aux regardans.
Nous trouuons en efcrit quatre Coloffes,lun d'Apollo, ayát
trente coudees de hauteur,lequel auoit efté tranflaté d'Apollonie Pontique au Capitole par M.Lucullus , & auoit couté
icelui à conftruire cent cinquante talens (qui reuiennent à
nonante mille efcus : lefcu vallant trentecinq fouz de notre
monnoye) Lautre eftoit de Iuppiter , au champ de Mars,
lequel

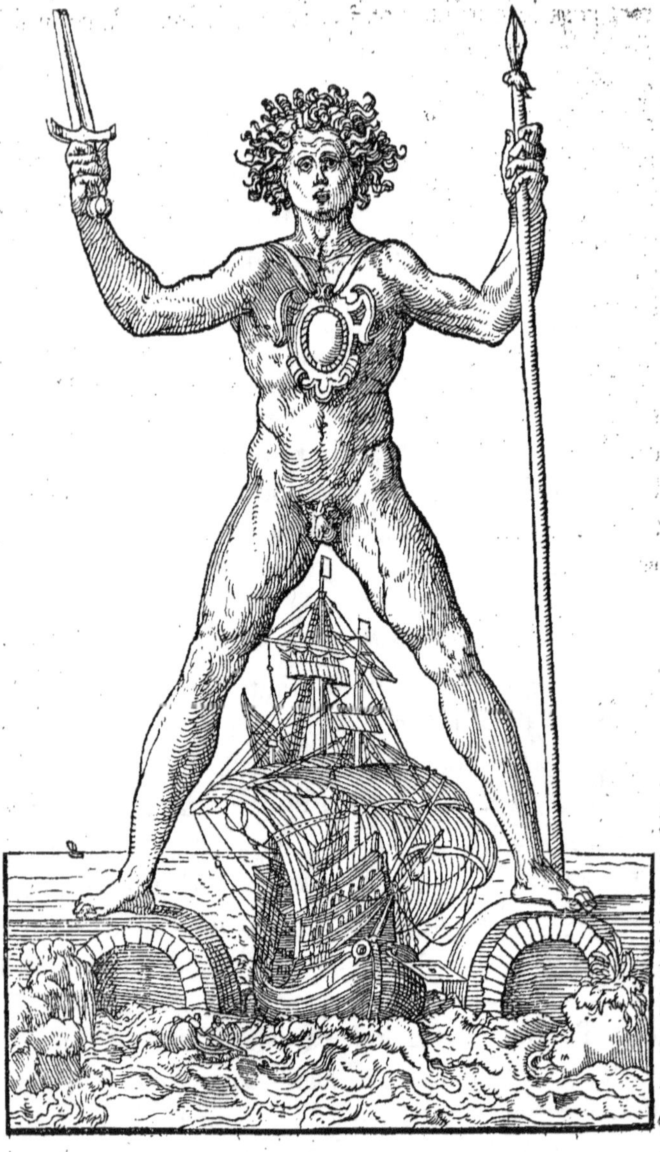

lequel s'appella puis apres le Colosse de Pompee, pource qu'il
estoit prochain du Theatre par lui edifié. Le tiers estoit à
Tarente, lequel Lysippus auoit fait de quarante coudees de
hauteur. Le quatrieme est celui de Rhodes, nombré entre les
miracles du Monde : lequel estoit sur le port, ayant les iambes sur les deux arches du port, & estoit si haut esleué, que les
Nauires entrás au port passoient entre ses deux iambes. Il tenoit en la main dextre vne espee, & en la senestre vne pique,
& auoit deuant la poitrine vn miroër ardant, côme pourrez
voir par la figure precedente. Ledit Colosse estoit dedié au
Soleil, ayant septante coudees de hauteur, pour lequel parfai-
re & eriger, Chares Lyndius (disciple de celui Lisippus, dont
i'ay parlé ci deuant) employa douze ans: & couta cestui Colosse trois cens talents (qui montent à cent quatre vint mille
Escus.) Ce grand simulacre du Soleil, cinquante six ans apres
qu'il fut erigé, tomba par tremblement de terre. Icelui tombé esbahissoit ceux qui le regardoient : peu de gens pouuoient embrasser son poulse, & estoient ses dois beaucoup
plus gros & plus grans, que plusieurs statues communes.
Aucuns disent que du nom de ce Colosse, les Rhodiens ont
esté appellez Colossenses, ce qui peult estre: mais ilz aioutent
vne chose, que ie ne puis croire : car ilz disent que les Rhodiens sont iceux mesmes Colossenses, ausquelz S. Paul escrit
son epitre. Ie confesse bien que certains auteurs profanes,
mesmes quelques vns des Scolastiques, ont esté de ceste opinion, & qu'ilz en ont ainsi escrit : les vns comme par maniere d'aquit, les autres, assez inconsidérement, & à credit des
premiers : ne considerans point qu'en celà ilz contrarient à
la raison, tombans en maintes absurdes consequences: aussi
qu'ilz contreuiennent directement à l'autorité des saints docteurs, tant Grecs que Latins. Qu'il soit ainsi, qu'allegueront

Que l'epitre
aux Coll. n'a
point esté
escrite aux
Rhodiens.

o   ilz

Athanaſe. ilz à ce ſaint perſonnage Athanaſe, ancien auteur Grec, qui en l'argument qu'il fait ſus l'Epitre aux Coloſſenſes, en parle en ceſte ſorte? *Coloſſenſes,* dit il, *non ſunt Rhodij vt quidam exiſtimant, ſed Aſiani, ſicut & Laodicenſes, qui ſunt in Phrigia.*

S. Ierome. A quoy ſouſcrit S. Ierome en l'argument ſus la meſme Epitre, diſant : *Coloſſenſes, & hi, ſicut Laodicenſes, ſunt Aſiani.* Et pour oppoſer à leurs auteurs profanes, vn qui ne tient le

Volaterran. moindre lieu d'entre iceux, qui regardent Volaterran au dixieme liure de ſa Geografie, au traité de Eolie, Ionie, & de Lydie, ou, apres auoir parlé de Laodicee, ſubioint : *Coloſſis eſt Urbs apud Licum fluuium in Phrigia :* en confirmacion dequoy ayant cité Herodote, Strabon, Pline, & S. Ierome, il infere en ces propres termes : *Ad hos igitur epiſtolæ ſunt Pauli, non ad Rhodios, vt vulgus putat.* Mais encores poſons le cas, que tous ceux que nous auons à preſent alleguez n'en euſſent iamais fait mencion, voulons nous vn plus ample n'y plus certain arbitre d'un tel different que le meſme auteur de l'Epitre, S. Paul ? qui ainſi ſus la fin d'icelle, nous en declaire ce qui en eſt. *Salutate fratres, inquit, qui ſunt Laodicee.* Et vn peu plus outre : *Et cum lecta fuerit apud vos epiſtola hæc, facite vt & in Laodicenſium eccleſia legatur : & ea quæ Laodicenſium eſt, vt vobis legatur.* Soient maintenant les Rhodiens Coloſſenſes : ou ſera celle voiſinance & commodité, de pouuoir ſaluer les freres de Laodicee, de leur communiquer leur epitre, & au reciproque auoir la lecture de la leur, ſi de Rhodes, iuſques en Phrygie (comme la verité eſt telle) il y ha cent lieues ou plus ? D'auantage, auroit bien ce grand auerſaire, & oppugnateur de toutes idolatries, S. Paul obmis le mot vſité & commun (duquel meſme S. Luc, qui eſtoit tout d'un tems, ha vſé aux Actes des Apotres vinthuitieme chapitre) pour vſer d'un terme nouuellement forgé, & qui auroit prins ſon origine

origine & source d'une manifeste idolatrie? Mais ie leur demande, ou ont ilz leu, que pour vn nom donné à quelque
peuple à cause d'aucun nouueau accident : ou pour quelque
peculier naturel, fut vice ou vertu à eux propre, leur païs &
ville en ait iamais changé de nom ? Romulus, & apres lui
les Rommains ont esté communement appellez Quirites,
pourautant, comme recite Varron, au quatrieme liure de la
langue Latine, & Ouide au second liure des Fastes, qu'ilz
estoient coutumiers d'user d'une sorte de Lances dites Cures:
& toutefois ha l'on iamais oui dire, que la Rommagne fut
appellee Curie ou Quirite ? Les Candiens iadis furent nommez Corybantes pour auoir nourri Iuppiter, ou, selon d'aucuns, pour auoir les cheueux rasez en la partie anterieure de
la teste: Pour celà, ont les Anciens ny les Modernes dit Co-
rybe pour Candie ? Au semblable, soit que les Rhodiens
pour leur monstrueux Colosse ayent esté dits Colossenses,
leut on iamais que Rhodes fut appellee Colossis ? certes nul-
lement. Et toutefois S. Paul au commencement du premier
chapitre de son Epitre, nomme la ville des Colossenses ausquelz il escrit, Colosse, disant ainsi : *ys qui sunt Colossis san-* Ad Col.
ctis & fidelibus fratribus in Christo Iesu. Qui ne treuuét donq
plus estrange si à l'imitacion d'Athanase, auec le conseil de
S. Ierome, & selon l'intencion & vray but de S. Paul, ie dis
telle Epitre auoir esté escrite aux Colossenses, qui sont en
Phrygie, pres de Laodicee, & non aux Rhodiens. Ce que ie
n'ay voulu obmettre de toucher & debattre, pource qu'en
ayant demandé l'auis à plusieurs hommes doctes (nommé-
ment à M. Iaques Maguelot, personnage de grande & soli-
de doctrine, d'un iugement singulier, & absolument expert
& bien versé en la Lecture des saints escris) ie les ay trouué
tous d'opinion contraire, quoy que ie leur sceusse alleguer, ne

O 2　　　　demont

demontrer par viues raiſons.Saches donq, amy Lecteur,que
ceux auſquelz S.Paul eſcrit , ſont nommez Coloſſenſes , de
Coloſſæ, autrement Coloſsis, ville de Phrygie , non gueres
loing de Laodicee , & non du Coloſſe de Rhodes : auquel
(pour reuenir à notre matiere) Solin ha fait alluſion quãd il
ha dit , que l'air n'eſtoit iamais tant obſcur n'y troublé , que
Rhodes fuſt priuee du Soleil : car elle auoit icelui en ſimula-
cre. Si eſt ce toutefois qu'elle fut bien autrement, que de l'air
troublee & miſe en deſarroy,lan de grace ſix cens cinquante cinq,lors que les Sarrazins la prindrent,& demolirent ledit grand Coloſſe:l'airain duquel fut porté en Alexandrie:&
dit on qu'il y auoit aſſez matiere pour charger neuf cés cha-
meaux.Toutefois lan mil trois cés huit,apres que les Croiſats,
dits les freres de l'oſpital S.Ian,furent ſortis de la terre ſainte,
prinſe par les Sarrazins , & qu'ilz eurent amaſſé , en Italie
grand quantité d'argent,ſortirent de Naples auec vne grãd'
armee de mer,& dechaſſerent les Sarrazins de Rhodes , par
la faueur du Roy,Godefroy de Billon. Mais depuis,lan mil
quatre cens octante, le grand Turq vint deuant icelle , auec
vne merueilleuſe armee , & aſſaillit vne fortereſſe qui eſtoit
aſſiſe ſur le lieu, ou auoit demeuré le Coloſſe ſuſdit , l'eſpace
de cinquãte ſix ans:& tint le ſiege auec furieuſe batterie l'eſpace d'octante neuf iours,auec grand' perte,& ignominie de
ſon armee : dont il fut contraint s'en retourner à ſa grand'
confuſion. Et de vray,Les freres de S.Ian eſtoient fort puiſ-
ſants , pource qu'ilz auoient quaſi tout le reuenu des tem-
pliers , qui pour leur meſchanceté & abuz auoient eſté deſ-
truis, & condemnez comme,heretiques au concile de Vienne : qui faiſoit que les Rhodiens eſtoient fort crãints & re-
doutez des Turqs.Mais Sultan Soliman quelque tems apres
retourna deuant ladite ville,& la print,enſemble toute l'Iſle,
en ſix

en six mois,non sans grande ignominie des Chrestiens, qui l'auoient tenue & possedee quatorze ans ou enuiron. Toutefois il vsa d'une grande modestie enuers le Signeur Grandmaitre & enuers tous les habitans du lieu , les laissans aller bagues sauues, auec inhibicions & defenses à ses gens de ne leur faire aucun empesche ny desplaisir. Ce que ne fit pas Machomet lors qu'il print Constantinoble : ne Baiazeto qui print le païs de Charmanie & de la Natolie : ne son pere Sultan Selin qui print Egypte & fit mourir le Soudan du Caire ignominieusement,mesme son pere propre & ses freres, & les filz de ses freres, à celle fin qu'il fust paisible grand Signeur. Auiourdhui la ville de Rhodes est la plus part habitee des Iuifs , qui tiennent la ferme du port de mer dudit lieu, pource que communement le grãd Turq en est mieux payé que des Turqs naturelz, auec ce qu'ilz craingnent plus d'offenser que les autres. Tout le bien desdis Iuifs consiste en deniers, tellement qu'ilz ne possedent ne vignes ne terres ny heritage quelconque, de crainte qu'ilz ont qu'il ne viéne vn grand Signeur, qui les expulse & bannisse,ainsi qu'autrefois leur en est pris. Or ont ilz ce de louable entre eux qu'ilz font vne taille pour deliurer les autres Iuifs qui ont esté pris & mis aux galeres : & de fait,quand ce vient au bout de l'an, il se trouue vn merueilleux amas de deniers. Les Turqs qui ont toute la superintendence en ladite Isle,ne permettét aucunement que les forains logent dens la ville : mais est on contraint se retirer aux fauxbourgs, ou n'y ha que de Grecs, lesquelz sont tenus en telle seruitude , qu'il leur faut faire le guet toutes les nuits au long de la marine auec grans fallots & flambeaux , tant ilz ont peur d'estre surpris. A l'une des portes de Rhodes , au dehors, ioingnant les murailles de la ville,& pres du port, y ha vn beau sepulcre fort antique , ou

o 3   lon

lon voit vne effigie à moitié enleuee, & femble qu'elle foit
fus vn lit, laquelle tient à deux mains vn grand hanap pres
de fa bouche comme fi elle vouloit boire: ayát autour d'elle
d'un coté deux femmes droites, dont l'une tient vn vafe en-
leué comme fi elle lui vouluft verfer à boire: de l'autre coté,
à l'exterieur, il y ha deux petis enfans nuds ainfi que pouuez
voir en la figure qui vous eft ici au vif reprefentee. Aux
deux extremitez & parties lateralles dudit tombeau font enleuez en boffe trois hómes à cheual, & vn qui les fuit à pié,
& ce à la partie gauche : de l'autre coté font trois hommes à
pié, de rang, qui ont les teftes nues, & les cheueux fort crefpes
ayans contenances d'hommes fort triftes & defolez: lefquelz
nont peu eftre bonnement reprefentez en la figure. Quant à
la partie oppofite à celle ou eft l'effigie qui tient le hanap,
elle eft tellement iointe à la muraille de la ville, qu'on n'y
peult rien voir. Aucuns me difoient que c'eftoit la fepulture
du grand Hippocras. Mais il n'eft pas vrayfemblable. Ie pen-
ferois

ferois pluftot que ce fut la fepulture d'une Royne de Carie,
nômee Artemifia, femme du Roy Maufole, laquelle furmô-
ta fus mer les Rhodiés, & la ville prinfe, fit eriger vne ftatue
qui marquoit la Cité d'un fer chaud, qui eftoit figne de fer-
uitude. Laquelle auroit efté ainfi reprefentee buuât dens vne
taffe ou hanap, pourautant qu'elle porta fi grand' amour &
loyauté au fufdit Maufole fon mari, que lui eftre mort &
brulé à la façon des anciens, elle but les cendres d'icelui
meflees parmi du vin. Car les ftatues d'Hippocras n'auoient
point de hanap en la main : combien qu'on dit, qu'il goutoit
la matiere fecalle des paciens (ainfi qu'vn Iuif moy eftant
en Alexandrie, me dit auoir trouué par efcrit) mais le de-
peingnoit on la tefte couuerte d'un bonnet, qui eftoit argu-
mét de nobleffe, ou bié qu'il faut garder la partie, ou l'efprit,
& l'intelligence de l'homme refide : auec ce qu'il eft facile de
connoitre que c'eft vne effigie de femme, tant à fa coiffure
qu'autres accoutremens. Aucuns tiennent que c'eft le monu-
ment de Memnon, ce que bonnement ie ne puis croire. Ie
vis femblablement fus l'entree & portal de la ville deux ima-
ges de marbre, l'un de la Vierge Marie, l'autre de faint Ian
Batifte, aufquelz lefdis Turqs auoient gaté les faces, leur
ayant rompuz le né & poché les yeux, tant ilz ont en horreur toutes pourtraitures des creatures, foient en boffe ou
peinture plate. Aupres de Rhodes en l'Ifle de Pathmos fe
trouue vne herbe nommee Arthemifia, qui eft vn mot Grec,
qui vaut autant à dire, comme Diane. Car cefte herbe ha
efté confacree à la Deeffe Diane : laquelle elle donna par
grande amiracion à Centaurus, qui depuis approuua fes vertuz & medicamens en plufieurs païs. Pline dit qu'elle s'appelloit premierement Parthenion. Mais pour la grande vertu d'icelle, la femme de Maufole, Roy de Carie, la nomma

de

de ſon nom Arthemiſia : entre les Arabes eſt nommée la mere des herbes exquiſes. Elle croit communement en lieu ſablonneux & pierreux : ſes feuilles ſont petites, tirans ſur le blanc. La proprieté d'icelle eſt d'expellir les enfans morts du ventre de leur mere. Auſsi eſt fort conſolable à la femme, quand elle ha ſes fleurs, & penſe que c'eſt l'occaſion, pour-quoy ceſte Royne la nomma de ſon nom Arthemiſia.

D'Egypte.   C H A P. X X X I I.

E R H O D E S, pourſuiuans notre chemin, nous vinmes en Alexandrie ville d'Egypte, (lieu qui eſtoit autrefois tout en mer) de la-quelle, apres auoir parlé de toute l'Egypte en general, nous traiterons aſſez amplemét:puis conſequutiuement des autres villes que nous y auons vuës. Aucuns ont eſcrit qu'Egypte eſt en Afrique: les autres tien-nent qu'elle eſt en Aſie:les autres lui attribuent la quatrieme partie du Monde : la quatrieme opinion la met partie en Afrique, partie en Aſie, comme participante de toutes les deux. Il eſt certain (comme recite Strabo) que les limites d'Egypte n'eſtoient pas au commencement de ſi grande eſtendue, comme depuis elles ont eſté. Car l'Egypte eſtoit ſeulement, tout ce que le Nil arroſoit depuis les Cataractes, & Syene (ville es confins d'Ethiopie) iuſques es bouches dudit Nil : laquelle diſtance, ſelon Pline, contient cinq cens octante cinq mille pas, & ainſi fut reſpondu par l'oracle du Dieu Ammon. Ce païs là, ſelon l'opinion de Pline, du coté de l'Orient ha la mer rouge,& la region Paleſtine,iuſques à laquelle il s'eſtend. Deuers l'Occident il eſt contigu au païs de Cyrene & au reſte de l'Afrique. De la part du Midi il s'eſtend iuſques en Ethiopie : & du coté de Septentrion, ha

la mer

la mer d'Egypte : & est ainsi appellé d'un filz de Belus frere
de Danaüs, qui se nommoit Egyptus, lequel debouta son
frere du Royaume, puis regna soixante huit ans. Aucuns
disent que l'Egypte est nommee du Nil,lequel parauant (selon Homere) s'appelloit Egyptus. Au tems passé l'Egypte
estoit dite Aeria. La langue Hebraïque l'appelle Misraim,
combien que Iosephe au premier Liure des Antiq. Iudaïq.
recite qu'elle ha esté premierement appellee Mesrim, & puis
Mesraim, du filz de Noë ainsi nómé, qui premier l'occupa:
cóme Ethiopie fut dite Chusa,de Chus autre filz de Noë,&
la Lybie, Phut,du nó du premier possesseur d'icelle. Quant
est de l'antiquité des Egypciens ïestime que apres le Royaume des Assyriens, il n'en y ha eu vn plus ancien, que le leur.
Car du tems qu'Abraham vint en icelle region auec sa femme, Nechonias Pharaon pour lors estoit Roy, celui qui lui
ota sa femme, pensant qu'elle fust sa seur. Desia l'Egypte
auoit grand bruit,& estoit fort peuplee.Or depuis le Deluge
iusqu'à l'aage d'Abraham,Eusebe conte neuf cens quarante
deux ans : d'ou nous pouuons conclure que le Royaume des
Egypciens ha commencé peu de tems apres ledit Deluge.

De la richesse du païs d'Egypte.   CHAP.   XXXIII.

D E L A richesse du païs d'Egypte , nous en
trouuons plusieurs causes. En premier lieu la
fertilité de la terre est sans comparaison meilleure que de l'Arabie, ny de l'Afrique : & ne
procede point ceste fecondité des eaues celes-
tes,qui y sont rares,ains du debordemét du Nil,en sorte qu'il
n'y ha terre , qui rapporte plus , ny si tot que l'Egypte. Parquoy ne se faut esbahir si elle ha suruenu à plusieurs païs,
opprimez de grande cherté de viures : & de fait, les anciens

P   l'ont

ſont appellee le grenier publique du Monde , tant elle eſtoit
abondante en blez, viures, & tous genres de fruits : comme
il appert par vrais exemples tant en Geneſe, que es hiſtoires
Rommaines : & non ſeulement ce païs abonde en fruits, &
herbes:mais auſſi en fleurs odoriferantes. Les femmes y ſont
tant fecondes , qu'elles engendrent communement trois , &
quatre,& bien ſouuent huit enfans : & encores qu'ilz naiſcét
au huitieme mois,ilz viuent:ce qu'aucũs attribuét à la bonté
du Nil : Outreplus elles ſurengendroient, (comme Pliné raconte d'une femme d'Alexandrie) ce qui n'eſt pas tant ſigne
de merueille,que argument de fecondité. Et ne faut obmettre les Pyramides, Obeliſques, Sphinges, Labirintes, & Coloſſes: Leſquelles choſes demontrent aſſez la puiſſance,& richeſſe d'Egypte, comme plus amplement nous en parlerons
en tems & lieu. Le Nil ha augmenté les richeſſes des Egypciens,non ſeulement en arroſant les terres,mais auſſi pource qu'il eſt nauigable:à raiſon dequoy, pluſieurs marchandi-
ſes y abordent tant d'Etiopie,d'Arabie,& des Indes, que des
autres contrees & regions , & principallement en Alexandrie : combien que maintenant le Caire eſt la ville d'Egypte,ou les marchans trafiquent plus,qu'en autre qui ſoit.Stra-
bo auteur digne de foy , lequel du tems d'Auguſte eſtoit en
Egypte , de la compagnie de Elius Gallus Cheualier Rommain , dit que Ptolemee ſurnommé Auletes , pere de Cleopatra auoit de tribut & de reuenu annuel des Egypciens,
douze mille cinq cens Talents(qui valent ſept millions cinq
cens mille Eſcus,l'Eſcu reuenant à trente cinq ſouz de notre
monnoye)ſans les rentes priuees & particulieres:Et ne doute
que cedit païs n'ait eſté au parauant plus riche , & plus puiſſant,que quand il fut reduit ſouz la dicion de l'Empire Rõ-
main : combien qu'il ſembloit eſtre imprenable.Car du coté du

té du Ponát, il eſt enuiróné de montaignes hautes, & lieux ſablonneux, & pleins de mareſcages : deuers l'Orient affronte à la Mer rouge, qui fit chemin aux Hebrieux : du coté du Midi, ha pareillement les grandes montaignes: & de la part de Septentrion eſt notre mer. Mais toutefois ceſte Region ſi bien munie, & forte de Nature, & tant peuplee, n'a peu reſiſter à la puiſſance, & aux incurſions des eſtrangers. O que l'eſperance des hommes eſt friuole, & caduque ! O combien de fois ſes efforts viennent à neant ! Pleut à Dieu que les Princes peuſſent apprendre, tant par les vieilles hiſtoires, que modernes, qu'il n'y ha eu depuis la creacion du Monde Empire tant ferme, Royaume tant puiſſant, ville tant bien fondee de Loix, que tout n'ait eſté mis en decadence, ou bien qu'il n'ait changé de Signeur, quád par l'ordonnáce de Dieu la plenitude du tems eſt venue. Car les Principautez & Monarchies ont leur naiſſance & diffinement, comme ceux qui en ſont gouuerneurs. Parquoy vn Prince ſachant toutes choſes eſtre caduques, doit mettre deuant ſes yeux ceſte tant vtile ſentéce, qu'en ceſte vie mortelle, l'homme de quelque eſtat qu'il ſoit, ou poure, ou riche, ne doit mettre ſon affeccion aux biens de ce Monde, attédu qu'ilz ſont caduques & tranſitoires : mais appeter de tout ſon cœur, ceux qui ſont perdurables. Egypte eſtoit du commencement gouuernee par Rois, qui eſtoient natifs du païs, leſquelz eſtoient appellez Pharaons, c'eſtadire en langue Egypcienne, Rois. Car ce mot eſtoit vn nom appellatif : ainſi celui Pharaon, qui rauit la femme à Abraham eſtoit appellé de ſon nom propre Nechonias: & celui qui perſecutoit Moyſe, & le peuple de Dieu, Cenchres, ou bien Amaſis, ou ſelon l'opinion de Ioſephe, Techmoſis : ainſi conſequemment des autres Pharaons, & Rois. Apres quelque tems les choſes changees, lors que Eze-

P 2   chias

chias regnoit en la Iudee , le Royaume d'Egypte vint entre
les mains des Ethiopiens : fus lefquelz puis apres Cyrus Roy
des Medes,& Aſſyriens conqueſta l'Egypte,ou bien ſon filz
Cambyſes.Mais ſouz Darius,ſurnommé le Batard,elle com
mença derechef eſtre en l'obeiſſance de ſes Rois,iuſques à la
mort d'Alexandre le grand , qui mourut en Babylone ville
Metropolitaine des Caldeens,quatre cés ans, plus ou moins,
auant l'incarnacion de notre Signeur.D'ou le regne des Pto-
lemees,qui s'appelloient parauant Pharaons, print ſon origine, Sauoir eſt, de Ptolemee filz de Lagus , qui eſtoit l'un des
principaux capitaines d'Alexandre le grand:& dura ce nom
quaſi deux cens nonante cinq ans, iuſques à Cleopatra, que
les Rommains,apres l'auoir conqueſtee,la redigerent en forme de Prouince : puis ſouz l'Empereur Heraclius,les Sarrazins l'occuperent , quinze ans ou enuiron apres la mort du
grand Gregoire , qui fut lan de grace ſix cens dixneuf. Au-
ourdhui les Sarrazins appellent leur Roy Sultan.

De la maniere de viure des Egypciens,tant publique
que priuee.   C H A P. X X X I I I I.

QV A N T eſt de la maniere de viure des Egypciens , il me ſemble que ce ſera le meilleur
de commencer au chef, c'eſtadire, à l'inſtitu-
cion des Rois d'Egypte,leſquelz ne faiſoient
comme les autres Princes de leur tems , qui
auoient leur vouloir pour loy,& viuoient deſordonnément:
mais touſiours ſuiuoient l'ordonnance des loix , ſe confor-
mans à la volonté de leurs dieux.Car combien que le Prince ne ſoit ſuiet à la loy qu'il ha ordonnee,toutefois il doit viure ſelon icelle. Quant aux Loix de Dieu , il n'y ha point
d'exempcion ny de diſpenſe. Au regard du droit naturel,
il ne

il ne ſe change point. Les Rois d'Egypte n'auoient aucuns
eſclaues natifs, ou qu'ilz euſſent achetez : mais eſtoient deputez à leur ſeruice enfans de noble maiſon, ayans vint ans
paſſez, & choiſis entre les plus ſauans, comme on peult connoitre en Daniel : à fin que le Prince eſmu de la preſence de
telz ſeruiteurs, qu'il auoit continuellement deuant lui, ne fût
induit à faire autres actes, que de vertu. Car les Princes ne
font d'eux meſmes choſes dignes de reprehenſion, ſinó qu'ilz
ayent eſtez mal inſtruits, & gouuernez, comme Alexandre
le grand par ſon pedagogue Leonides grand yurongne : ou
bien qu'ilz ayent gens flateurs aupres d'eux, qui ſ'eſtudient à
complaire à leur vouloir : dont à bon droit diſoient les anciens, que les Princes eſtoient ſages par le moyen, & compagnie des Filozofes. Apres le leuer du Roy le plus grand Prelat des Preſtres (comme la coutume eſtoit) en ſacrifiant prioit
Dieu à haute voix, pour la ſanté & proſperité du Roy : puis
apres en la preſence de tout le Peuple, les vertuz du Prince
eſtoient par le menu recitees, & principallement l'amour, &
zele qu'il auoit enuers les Dieux, & la Iuſtice enuers les hómes. Puis eſtoient deteſtez tous malfaiteurs : & en deſchar-
geant le Roy de tous blames, les fautes (ſi aucunes en y auoit)
eſtoient miſes ſur les officiers, leſquelz ne pouuoient iuger
par ignorance, veu que les offices ne ſe vendoient : ains aux
plus groſſes & plus fameuſes villes, comme Dioſpole, He-
liopole, & Memphis, ſ'aſſembloient iuſques au nombre de
trente : & eſliſoient entre eux quelcun des plus apparens, &
ſuffiſans pour preſider, auquel eſtoit baillé encores vn autre
ſuperieur par ceux de la Cité : & ces ſuſdis preſidens auoiét
vne chaine d'or, pendue à leur col, à laquelle eſtoit attachee
vne image bien aornee de pierres precieuſes. Ceſte chaine
eſtoit appellee verité, laquelle eſtoit apportee en decidant les

La ſolennel-
le priere du
grand Pre-
ſtre des Egy
pciens.

L'ordre de
la Iuſtice &
deciſion des
cauſes des
Egypciens.

caufes au milieu des trente par ceſtui Preſidant , enſemble les Loix contenues en huit liures , à fin que le iugement
fuſt baillé ſelon la verité,& que Iuſtice, & punicion des crimes & delicts, ne fuſt empeſchee par argent , ou par faueur,
& interceſſion des amis. Ce que par vne vierge les Filozofes
nous ont demontré. Ainſi ſe faiſoit l'election des Magiſtrats
& officiers de Iuſtice en Egypte , tellement que les Anciens
voulans ſignifier vn bon Iuge , & qui par dons & preſens
n'eſtoit aucunemét corrompu, le nommoiét Iuge Egypcien.
Mais ainſi que l'Egypte eſtoit fort eſtroitte, auſſi ce chemin
eſt difficile à ſuiure, & tenir: comme Ariſtote , Quintilien,
Pline en ſes Epiſtres, Marcial en ſes Epigrámes, & pluſieurs
autres atteſtent. Parquoy le Chreſtien propoſera auiourdhui
deuant ſes yeux ce que dit S. Paul , le ſeruiteur de Dieu ne
doit aucunement plaider : Apres la deteſtacion des malfaiteurs, & pluſieurs autres ſolennitez paracheuees, le Prelat des
preſtres enhortoit le Roy à ſe bien conduire ſelon le vouloir des Dieux , & que vertu lui conſeilleroit. Car ceſte maniere de harangue coniointe auec louenge, ha grand' efficace , principalement quand on fait le recit de quelques actes
vertueux des predeceſſeurs, à fin que le Prince ſoit auerti, &
incité de bien regir & gouuerner ſon peuple à l'exemple
d'iceux : Dont ie veux dire que la lecture de Tite Liue &
autres excellens Hiſtoriographes eſt fort vtile, & neceſſaire
aux Princes , meſmement à ceux , auſquelz on n'oſe dire la
verité. Car les hiſtoires ne rougiſſent point & n'ont aucune
honte, ce que Ciceron ha dit des lettres miſſiues. Le reuenu

du Royaume eſtoit diuiſé en trois parties: la premiere eſtoit
departie entre les Preſtres de leur loy, auſquelz ilz portoient
grand honneur , & reuerence, & les appelloient Prophetes,
tant pour l'aminiſtracion qu'ilz auoient de leurs ſacrifices,

que

que pour leur vie,& ſauoir, par lequel ilz endoctrinoient les
autres, & eſtoient tous francs : La ſeconde eſtoit au Roy,la-
quelle il employoit aux affaires tant de la guerre , que de ſa
maiſon,& pour exercer liberalité & munificence enuers gés
de bien & de vertu : la tierce reuenoit aux gentishommes
ſuiuans la guerre, qui eſtoient appellez Calaſiries, & Her-
motibies : & ceſte porcion leur eſtoit departie à fin quʼilz
euſſent meilleur vouloir , & courage de sʼexpoſer en peril &
danger,pour la tuicion & defenſe du païs. de ce auenoit que
le populaire eſtoit grandement chargé dʼimpoz. Ie laiſſe la
diuiſion des Egypciens en ces eſtats, & lʼEgypte iadis departie en pluſieurs gouuernemens , chacun deſquelz par vn
mot Grec eſtoit appellé Nomos : de laquelle inuencion fut
auteur Alexandre de Macedone.

Des Loix des Egypciens. CHAP. XXXV.

RESTE de voir les Loix anciennes des Egypciens , qui nʼeſtoient ſeulement ordonnees
pour le fait publiq de la Iuſtice : ains pour la
conduite , & gouuernement dʼun chacun, en
ſorte que leur vie eſtoit ſi bien reglee, quʼil
ſembloit quʼelle fut ordonnee non dʼun Legiſlateur ſeulement: mais auſsi dʼun Medecin bien expert.Quant aux Loix
publiques,les pariures ayans fauſſé leur ſerment,eſtoient punis corporellement , comme gens doublement delinquans.
Car ilz auoiét meſpriſé la crainte, & amour quʼilz deuoient
aux Dieux : En ſecond lieu , ilz auoient rompu & violé la
foy,qui doit eſtre entre les hommes,laquelle nʼeſt autre choſe
quʼvn fondement de Iuſtice,& lien ferme de ſocieté humai-
ne.Tous Egypciens eſtoient tenuz de porter par eſcrit leurs
noms,lʼeſtat & meſtier duquel ilz vſoient,au gouuerneur du
païs.

païs. l'Homme qui estoit trouué menteur , ou gaignant sa vie par moyen, & voye illicite, estoit puni de mort : ce que les Atheniens auoient prins d'eux. Celui qui en son chemin rencontroit quelque personne poursuiuie par brigans, & larrons, & ne lui suruenoit ayant le pouuoir , estoit tenu pour coulpable de l'inconuenient, qui estoit auenu à ce personnage. Aux forgeurs de fausse monnoye, aux rongneurs, à ceux qui changeoient le poix, ou marque, qui contrefaisoient cedules, ou effaçoient quelque escriture , auoiét les deux poings coppez , à fin que le membre par lequel ilz auoient delinqué, en portast la peine, & que les autres y prinsent exemple. Auiourdhui la punicion est plus grieue, pource que les susdis crimes sont trop coutumiers : parquoy la punicion doit estre augmentee. Si femme enceinte estoit attainte de de quelque crime, dont elle fut condemnee à la mort, on attendoit qu'elle fut deliure , à fin que l'enfant qui en rien n'auoit transgressé les Loix, ne fut puni : & que d'un delit deux punicions ne s'ensuiuissent : ce qui est prohibé , tant en crimes, qu'en dettes. Quant est d'argent presté pour lequel il n'y auoit cedule, ny reconnoissance aucune, le serment estoit deferé au debiteur : car le Legislateur qui estoit Bocchoris (comme aucuns disent) estimoit que ce iurement fut de grand' vertu, & efficace pour donner fin au proces, & trouuoit bien iuste & raisonnable , que le creancier , lequel en prestant argent, n'auoit fait difficulté de retenir pour toute sureté la foy de son debiteur, s'en vousist du tout rapporter à icelle. Auiourdhui cela n'est obserué aux debiteurs seulemét: mais aussi aux creanciers, selon les circonstances qui peuuent eschoir. Par les Loix des Egypciens, aucun ne pouuoit obliger son corps pour dette ciuile. Car ilz Iugeoient qu'il suffisoit d'auoir les biens obligez , sans que les corps fussent à

Pourquoy le
serment est
donné à un
debiteur qui
nie le dette.

autre

autre afferuiz:ce qu'auiourdhui n'eft obferué.Ainfi nous cõ-
noiffons les Loix eftre femblables à la monnoye,comme dit
tresbien Budee fur les Pandectes. Les Egypciens eftimoient
parricide eftre le plus grand crime , que l'homme euft peu
commettre, d'oter la vie à celui, qui lui auoit baillee : lequel
eft l'Image du Signeur,Pere de tous : auquel le filz qui veult
longuement viure , doit porter tout honneur, & reuerence,
comme il eft ordonné de Dieu le Createur : ce que obferuent toutes nacions,qui ont vfage de raifon. Car quant aux
Indes, Maffagetes, Cafpiens, & Bactriens : ie ne les nombre
entre les hommes,ny entre beftes : ains les appelle monftres,
& prodiges faits contre Nature. Solon & Romulus,ne vouloient rien ordonner cõtre les parricides , iugeás que la Loy
feroit faite pour neant:& que cefte ordonnáce ne garderoit
point tant de fuïr ce crime,qu'elle pourroit induire à le com
mettre.Ce que plufieurs qui cõpofent cõfefsions,n'obferuent,
au grand dõmage de la Chreftienté. Toutefois les Egypciés
au parauát,& depuis les Rommains,connoiffans qu'il n'y ha
rien tant faint,que l'audace peruerfe des hõmes ne puiffe vio-
ler., ont ordonné peines contre les parricides merueilleufement grandes,cõbien qu'il n'y ait punicion,ny tourment,qui
foit egal au parricide: mais ces peines font differentes.Car les
Egypciens detrenchoient les parricides , auec certains rou-
zeaux bien aiguz:puis les faifoient bruler fur vn grand mon
ceau d'efpines.Les Rommains couzoiét les parricides,en vn
fac de cuir,& auec eux vn chien,vn coq, & vne vipere,à fin
qu'ilz les priuaffent de tous les elements , de la fruicion defquelz ilz n'eftoiét dignes, puis qu'il auoiét violé le miroir de
Dieu,a fauoir,celui qui nous ha engédrez.Le corps du parricide n'eftoit ietté aux beftes,à fin qu'elles ne fuffent plus cruelles, apres auoir mangé , ou touché fi grande & prodigieufe

q mefchan

meschanceté. Il n'estoit aussi ietté en la riuiere tout nud, à fin
qu'il ne violast la mer , par laquelle toutes autres choses po-
lues auoient accoutumé d'estre purgees (comme Catulle , &
Cicéron attestent) combien que ceste maniere de punicion
n'est demeuree seule, comme on peult voir es liures du Droit
ciuil. Quant aux larrons, les Egypciens auoient vne loy, par
laquelle estoit ordonné , que ceux qui auroient emblé quelque chose, seroient tenuz de porter leur larcin au grand Prestre , & bailler leur nom par escrit : adonques celui à qui
auoit esté fait le larcin, se retiroit deuers le grand Prestre, &
lui notifioit ce qu'il auoit perdu , ensemble le iour, & l'heure
du larcin à lui fait. Ainsi le maitre recouuroit ce qu'il auoit
perdu , en payant au larron la valeur , & estimacion de la
quattrieme partie de la chose desrobee. Ce que toutefois
n'estoit raisonnable, car d'une chose trouuee nous n'en pouuons rien demander, combien que celui qui demáde le vin
d'une chose trouuee, ne commet point larcin, encores qu'en
le demandant il fasse meschammét. Mais le legislateur estoit
esmu à faire telle loy , connoissant que du tout empescher le
larcin ce lui seroit chose impossible , veu qu'entre les Egypciens il estoit licite: comme nous lisons des Lacedemoniés,
Scythes, Bactriens, & Virgile le tesmoigne des anciés Latins.
Dracon qui escriuoit les loix auec du sang , & non auec
d'ancre, punissoit les larrons de mort : mais Solon conuertit
ceste accion criminelle, en ciuile, & voulut que le double de
la chose emblee fut rendu : ce que les Rommains n'ont obserué sans distinccion. Et quant à l'accion criminelle nous
ne trouuons en Droit regle generale pour les faire mourir.
Toutefois auiourdhui les coutumiers les condannent à estre
penduz & estranglez. Celui qui estoit conuaincu d'adultere
auoit du fouet iusques à effusion de sang. La femme auoit le

né

né coppé, à fin que par ce moyen elle fust priuee de la partie du visage, à la perte de laquelle, quant & quant elle per-
doit toute beauté, qui auoit induit tant elle, que l'adultere à
mal faire. Si le baiser rend l'homme, ou femme adultere, à
raison dequoy elle puisse perdre son dot, ie n'en dis rien. Car
Alciat homme de bon sauoir tant en droit, qu'en lettres humaines l'a bien amplement traité. Quant aux loix priuees,
pour la conduite & gouuernement d'un chacun en tous
actes, comme boire, manger, dormir, estuuer, baigner, ie diray ceci, qui est fort louable, que leurs viandes n'estoient fort
exquises, & communement pour tous mets estoient seruiz
d'une Oye, & de chair de veau, disans que la simple viande
porte aux hommes grand proufit: & ne mangeoient iamais
febues, estimans que c'est vn fruit immonde. Ilz auoient certaine mesure, qu'ilz ne pouuoient passer quand il estoit question de boire vin, pour mieux euiter yurongnerie, contraire
à toutes vertus. Dont à bon droit plusieurs ont esté merueilleusement sobres tant en boire qu'en manger, & principalement les Filozofes, Prestres, Magiciens, & Prophetes. Sembla-
blemét ce de notable estoit obserué entre eux, que si vn plus
ieune remôtroit vn plus vieil q̃ lui, celui se destournoit & lui
faisoit place: ce que d'eux auoient appris les Lacedemoniens.
En outre quand ilz se trouuoient plusieurs en vn banquet,
l'un d'entre eux tiroit de sa bougette vn image de la mort,
pour auertir les assistans de penser à la fin de la vie humaine, qui est la vraye Filozofie, comme nous lisons dens Platõ.
On attribue l'inuenciõ des lettres, peintures, Astronomie, di-
uisiõ de l'an, Arithmetique, Geometrie, & de plusieurs autres
arts aux Egypciens. Dont à bon droit ceste region là, ha esté
appellee Mere des arts. Les Grecs escriuent, calculent, & iettét
en portant la main du coté gauche au droit: Les Egypciens

au contraire la portent du droit coté au gauche:& ce faisans
disent qu'ilz tirét à droit, & les Grecs à gauche. Ilz vsent de
deux sortes de lettres , appellans les vnes saintes, & les autres
communes. La façon de viure est telle de ceux qui habitent
le païs abondant en frutages : par chacun mois ilz prennent
purgacion trois iours de suite,gardans leur santé auec cliste-
res,& vomissemens.Car ilz ont ceste opinion,que toutes les
maladies des hommes procedent des viandes , desquelles ilz
se nourrissent : Et de vray certes les Egypciens sont les plus
sains de tous les hommes,apres les Afriqueins. Car par soudain changement les maladies sont engédrees aux hommes,
& principalement par la mutacion des saisons, lesquelles au
regard d'eux se chágent bien peu. A ceste cause les Historiés
disent , que les Egypciens viuent mille ans. Leur medecine
estoit ordonnee de sorte, que vn chacun Medecin guerissoit
d'une seule maladie. Par ce moyen ilz auoient Medecins
particuliers pour les yeux,d'autres pour la teste, d'autres pour
les dents, & autres maladies occultes. Ie noteray encores vn
mot auant que venir à Alexandrie, c'est que nous deuons la
vie monastique aux Egypciens , laquelle ha prins son commencement depuis la natiuité du Signeur,trois cens soixante ans,sauoir est, depuis la mort de Paul, & Antoine hermi-
tes , lesquelz plusieurs saints hommes ont ensuiuis, & vescus
auec vn merueilleux mespris des richesses , & voluptez , ba-
taillans comme bons gensdarmes contre le monde , le diable,& la chair,ainsi que Dauphins contre Crocodyles,d'une
affliccion de corps,rude,& seuere:persistans en labeurs,faim,
soif,chaut, froid, & veilles cótinuelles,à fin que s'ilz estoient
appellez à l'aministracion Ecclesiastique,ilz montrassent bõ
exemple tát en lettres,qu'en bonnes meurs. Et estoit ce Mo-
nachisme volontaire sans aucune contrainte ny necessité.
Mais

Mais venons à Alexandrie, comme parauant nous auons promis.

De la ville d'Alexandrie.　　CHAP. XXXVI.

LEXANDRIE donques (comme ci deuát ay dit) est en Egypte, prochaine d'Afrique, du diocese de laquelle estoient les eglises de la region Cirenaïque, de laquelle S.Luc fait mencion aux actes des Apotres en plusieurs passages, ce qui est facile à demontrer. Car nous lisons qu'en plusieurs conciles celebrez en Alexandrie, les Euesques Pentapolitains, c'estadire, de Cyrene, Apollonie, Ptolemais, Arsinoé, Berenice, qui sont en nóbre cinq villes, y ont assistez. Outre plus, l'opportunité du lieu nous induit à croire, que lesdis Pentapolitains faisoiét l'office à la maniere des Grecs, comme Alexandrie, & toutes les eglises Orientales: veu que Cartage, & les Eglises, qui estoient souz les arenes d'Afrique, faisoient à la maniere des Rommains, cóme les autres Eglises Occidentales. Dont s'ensuit qu'en Afrique y ha eu deux sieges fort renommez, sauoir est, celui de Cartage, & celui d'Alexandrie, ainsi qu'on peult cónoitre par l'Epitre du concile de Nicene, enuoyee en Alexandrie. Au parauant ceste ville s'appelloit No, metropolitaine d'Egypte, situce au bort de la mer Egypciaque: mais depuis Alexandre de Macedone, apres auoir conquesté l'Egypte, l'amplifia, & lui bailla son nom, l'an de son regne cinquieme, ou (comme aucuns disent) settieme: l'opinion desquelz peult estre vraye, si nous tenons que les vns ont eu egard au commencement, les autres à la fin, comme Eusebe, & Eutrope. Les murailles ont de circuit octante stades, (qui reuiennent à cinq lieues françoises) & encores sont en leur entier, ayans alentour trois cens

cinquante tours merueilleusement grandes, spacieuses, & bié
faites, ou autrefois en chacune y auoit vn capitaine demourant auec ses gendarmes, comme disent les Iuifs, & les Maures. Ceste ville est presque toute cauee, & y ha souz terre a-
bondance de Cisternes grandes de deux ietz de pierre, faites
par dedens auec pilliers de marbre rouge, & blanc, lesquelles receuoient l'eaue du Nil qui se desbordoit : mais à present elles sont toutes ruinees, & ny ha point d'eaue. Il y ha
aufsi pour le iourdhui quatre montaignes merueilleusement
belles, faites artificiellement, ou iadis on faisoit le guet tant
sus mer, que sus terre : & là on y trouue grandes antiquitez.
Que diráy ie des edifices, rues, & temples fameux, & specia-
lement de celui de Serapis (duquel S. Augustin fait mencion
en son Liure de la Cité de Dieu, dixhuitieme chap.) qui fut
abbatu du tems de S. Ambroise, à l'aueu de Theodosien, qui
tenoit l'Empire auec Gracian: ce que nous tesmoignent amplement Sophronius, & Ruffinus en leurs Histoires. Outre
ceci auoit entre autres beautez de la ville, vn lieu magnifiquement edifié, & dedié aux professeurs des sciences, & disci-
plines liberales, auec vne Bibliotheque, & Librairie, garnie de
seprante mille volumes, achetez par tout le Monde, aux fraiz,
& despés des Princes. De laquelle Librairie autrefois ha eu le
gouuernement Demetrius Phalereus Athenien, Filozofe bié
renommé. Pour orner, & de plus en plus enrichir la ville
d'Alexandrie, Ptolemee Philadelphe impetra de Eleazar, Pon
tife de Ierusalem, les septantedeux, personnages de singuliere
doctrine, & aux lágues Grecque & Hebraique fort bien en-
tenduz lan deuant la Natiuité de notre Signeur, enuiron
trois cens cinquante. Mais sus toutes choses ha esté decoree
du Christianisme, lors que S. Marc, disciple de S. Pierre
y annonça le Redempteur du Monde: lequel fut de si grande doct

de doctrine, & sainteté de vie, qu'il attiroit vn chacun à son exemple. Son humilité fut si grande, qu'il se coppa le poulse, à fin qu'il ne fut Prestre, se iugeant indigne de paruenir à si excellente dignité. Du tems dudit S. Marc, pour le college, qu'on appelloit Musæum, il y eut vne escolle instituee d'une façon tresbonne : Et ceux qui y regentoient, estoient appellez Magistri Catechiseon, c'estadire, maitres des premiers enseignemens de ceux qui s'estoient enrollez : & vouloient batailler souz l'enseigne du Redempteur. Ces enseignemens peuuent estre appellez Catechismes, ainsi se peult entendre le lait, duquel parle S. Paul, aux Corinthiens : ce que les bons maitres, & bien experimentez font en toute discipline. Le principal de ces Regents (comme dit S. Ierome) estoit Pantænus, duquel fut disciple Clement le Prestre, qui succeda à son maitre : De Clement fut disciple Origene, filz de Leonides martir, qui pareillement succeda à son maitre, & quelque tems apres mourut à Tyre en grand' poureté, pource que son nourrissier Ambroise, diacre Alexádrin, estoit mort deuant lui. d'Origene fut disciple Denis, qui tint semblablement l'escolle de Catechisme apres son maitre. Ie laisse Didime maitre de S. Ierome, Athanase & plusieurs autres : hors mis Arrius l'heretique, qui troubla fort l'eglise Chrestienne. Encores void on en Alexandrie la prison ou fut mise, & detenue sainte Catherine, & deux Colomnes hautes distantes l'une de l'autre, enuiron onze pas, ou elle fut flagellee, & delà apres son trespassement translatee au mont Sinai en Arabie. Parquoy non sans cause, ceste ville ha esté appellee par excellence, Polis. Là fut translaté le corps d'Alexandre le grád, qui estoit parauant à Memphis, qu'on appelle pour le iourdhui le grand Caire. Et encore à present, ou estoit la grand' salle d'Alexandre, y ha vne Colomne carree de couleur

rouge,

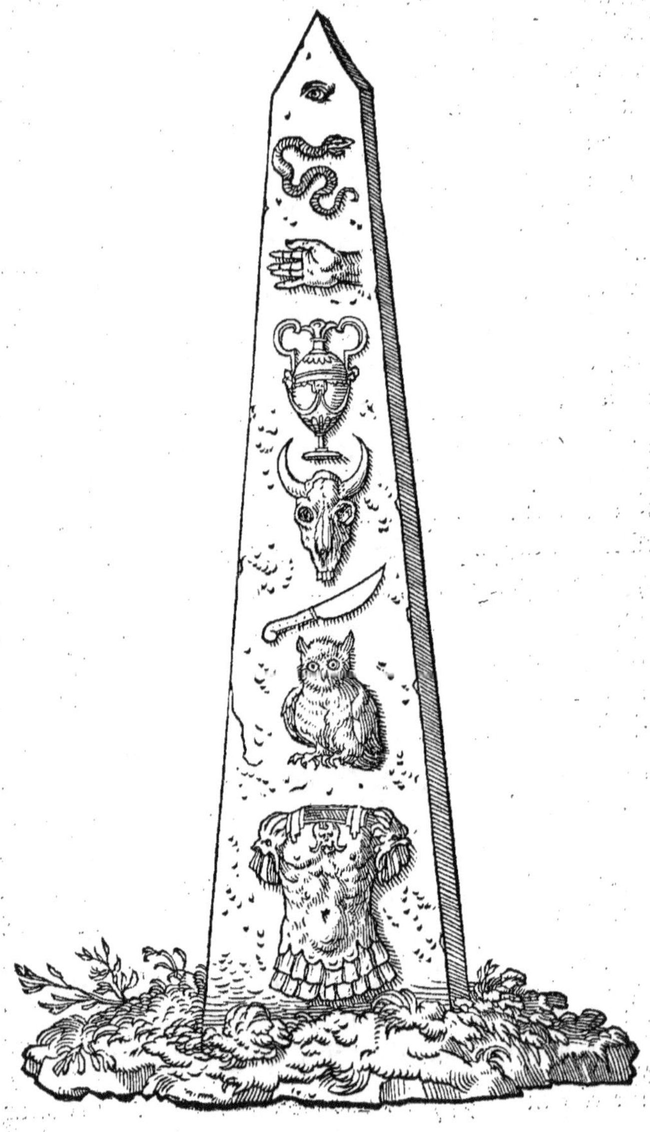

rouge, inscrite de plusieurs lettres Sacerdotales, & hierogly-
phiques. On dit ceste colomne estre faite toute d'une pierre,
laquelle ha de largeur douze piez , de longueur cinquante-
cinq : tellement que de loing semble estre vne haute tour.
Ceste colomne est beaucoup plus grande & grosse, que celle
qui est à Rôme aupres de l'eglise S.Pierre,en laquelle (comme on dit) reposent les cendres de Iules Cesar. Il y ha plus
de trois mille autres colomnes en Alexandrie,moindres tou
tefois que ceste ci. A present ceste ville qui ha esté tant fameuse , est toute ruinee , & n'a bruit qu'entre les Marchans.
Les guerres & sedicions ont esté causes de la ruïne d'icelle,
ayant esté tiranniquemét opprimee par Octauius Caracalla,
& Dioclecian.Ie ne veux obmettre la grâde abondance des
Tourterelles qui font en Alexandrie,lesquelles font leur habi
tacion es maisons ruïnees & desolees. Leur couleur est ar-
gentine tirant sus le gris : Et font si tresappriuoisees que
par leur simplicité peuuent estre prinses à la main.Pour rien
vn Turq ou Maure, n'en voudroit tuer,ne ietter pierres con
tre icelles. Ilz font concience de tuer l'oiseau que Dieu ha
creé pour l'usage de l'homme,& ne font grand difficulté,silz
trouuét le tems & commodité, de desrobber vn marchand,
ou de lui inuenter mille vaines moresques , pour lui faire
perdre corps & biens,en quoy ilz ont beaucoup de semblables au monde.Les Chrestiens qui font residence audit lieu,
n'ont gueres autre recreaciõ que d'aller chasser à ces oiseaux.
Aristote parlant de la nature de la Tourterelle dit qu'elle est
appellee Tourterelle pour la voix.C'est vn oiseau moult cha
ste:quand elle est priuee de sa compagnie,elle ne veult point
auoir compagnie à vn autre : elle ne ront point les droits de
chasteté,ny les alliances de son masle : car le premier amour
la deçoit.Seneque au settieme liure des naturelles questions,

r dit

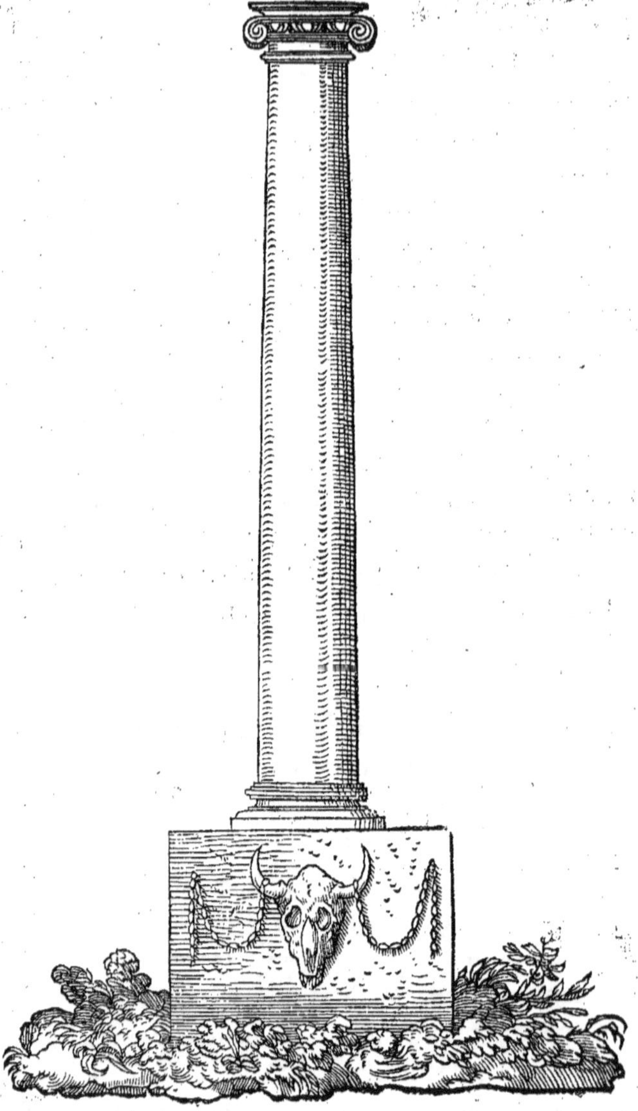

dit que Agrippine femme de Claude Cesar , aymoit si fort
cest oiseau,qu'elle n'estoit iamais sans en auoir. Dauantage,il
se trouue en Alexandrie vn oiseau qui se nomme Autruche,
qui est plaisant à voir,pour son pennache:nonobstant il est
differét aux autres oiseaux,comme on peult voir au dixneuuieme liure de Pline. Dehors ladite ville d'Alexandrie y ha
vn Temple d'Indignacion , lequel Cesar fit faire , ou est la
teste de Pompee,comme plusieurs recitent. Il y ha pareillement vne Colomne ronde , merueilleusement haute , qu'on
appelle la Colomne de Pompee , laquelle il fit faire en memoire de lui. Icelle est grosse de six brassees , & haute de
quinze,& est ladite Colone à vn petit demiquart de lieue,de
la ville. Estant quelquefois sus le lieu entré en propos auec
certains Maures & Arabes , de la demolicion de telle Colomne,leur allegant qu'il pourroient trouuer quelque grand
tresor enfouï souz tel Trophee de renom , prenans exemple
au grand Turq,qui,pendant que i'estois en Constantinoble,
auoit fait ruer par terre celle de Iustinian Empereur,pour en
decorer sa Mosquee,ou auoit trouué plusieurs Medailles, &
Medaillons d'or & d'argent. Lors auec grande indignacion
& d'un rebarbatif visage, me respondirent, và malheureux
chien , ignores tu que icelle abbatue, toute la machine du
Monde doit estre subuertie ? mesme peu s'en fallut que ie ne
receusse des coups , tant ilz sont ignorans & abusez, pour
estre priuez de la Lecture des saints escris, qui nous rendent
ample tesmoignage,& du commencement & du desinemét
de ce Monde, reserué à l'instructable iugement de Dieu. Le
port d'Alexádrie est fort scopuleux & dágereux,à raison dequoy Ptolemee Philadelphe,bó Prince,fit edifier par Sostrate
Gnidien,au milieu de la mer,Pharó,c'estadiré,vne tour gráde & merueilleuse,de pierres bláches,laquelle couta(seló que

r 2   dit

dit Pline, octante Talents, qui vallent quarante huit mille escus. En ceste tour y auoit flambeaux toute la nuit, à fin que les Nauigeans plus facillement euitaffent les dangers. Plufieurs autres tours faites à mefme fin, ont efté appellees Phari, comme celle qui eft pres de Bizance, auiourdhui dite Cõftantinoble, & celle d'Oftie. Or font refidence en ladite ville d'Alexandrie deux honneftes perfonnages nommez Confulz, dont l'un eft François natif d'Auignon, nommé Guillaume Gardiole, homme fort fage, difcret, & debõnaire aux eftrangers allans par delà. L'autre eft Venicien, & font là commis, tant pour receuoir les marchans qui vont en celle part, que pour garder & maintenir leur droit, fi par fortune les Turqs & Maures, leur vouloient faire aucun tort. Ilz ont chacun vn tres beau & ample logis, nommez Fondiques, là ou les marchans eftrangers apres auoir defembarqué, font porter leurs marchandifes. Ceux de Venife & leurs fuietz, comme ceux de Cipre, de Legente, de Corfou, de Candie, & autres, fe retirent au Fondique Venicien : ceux de France, d'Efpagne, de Gennes, de Florence, de Rhagufe, & de plufieurs autres nacions, au Fondique de France. A chacun Fondique, il n'y ha qu'vne grande porte, pour entrer & fortir, delaquelle vn Maure porte la clef, ayant expreffe charge & commifsiõ, de fermer lefdites portes, à fept heures du foir: tellement que les marchans qui font dedens, ne peuuent ifsir iufques à fept heures du matin. Mais le iour du védredi, ledit Maure tient iceux Fondiques, clos & fermez, depuis dix heures, iufques à vne apres midi: à caufe qu'à telles heures, ilz font leurs oraifons & autres ceremonies en leurs Mofquees. Ie demouray quatre mois audit lieu, qui me durerent & ennuyerent beaucoup, pour le grand defir que i'auois d'aller au Mont Sinai, ou notre Signeur donna la Loy, à Moyfe.

Toute

Toutefois temporiſant touſiours en ce lieu, ie vis pluſieurs antiquitez, comme medailles, & Idoles de marbre fort antiques, qui auoient eſté trouuees tát es vieilles ruines des lieux circonuoiſins, que apportees de lointaines contrees: entre leſquelles pour choſe exquiſe & belle ie vis vne ſtatue de Iupiter qu'auoit vn Venicié, laquelle auoit eſté apportee de l'Iſle de Crete. Icelui Iupiter eſtoit de la hauteur de trois piez, & auoit le pié gauche ſus vne boule ronde, & l'autre, ſus vn petit temple: au milieu de ladite boule & du temple, droit entre ſes iambes, eſtoit vne aigle ayant les ailes eſtendues, comme ſi elle vouluſt prédre ſon vol, le tout eſtant poſé ſus vn corps cube, tout autour duquel eſtoit eſcrit en lettres Grecques fort antiques, & quelque peu effacees, Ζεὺς ὑὸς τοῦ κρόνʊ, c'eſta-dire, Iupiter filz de Saturne.

De Rouſſette. CHAP. XXXVII.

D'ALEXANDRIE nous vinmes à Rouſſette, qui eſt vne petite ville diſtante d'Alexandrie trente milles. Entre ces deux villes y ha grandes antiquitez, & dit on que ce ſont les ruïnes d'Alexandrie. Quant à la verité, ie n'en veux rien iuger. Bien eſt vray, que là ſe trouuent pluſieurs murailles couuertes d'herbes, & petis arbriſſeaux: pluſieurs pierres precieuſes, comme diamans, eſmeraudes, rubis, & ſaphis: pluſieurs medailles des Empereurs, deſquelles les vnes ſont d'or, les autres d'argent, autres de cuiure. Car ilz auoiét au tems paſſé accoutumé de faire en memoire d'eux, medailles à leur ſemblance, auec quelque deuiſe, & leur nom au deſſus: Et ſi le perſonnage portoit barbe, de meſme eſtoit figuree la medaille, laquelle puis apres eſtoit miſe ſouz terre es fondemens des villes, & citez, leſquelles leſdis Empereurs

auoient fondées,ou bien defquelles ilz eftoient Signeurs. Et
non fans caufe ceci ha efté introduit,& iadis obferué,car les
Anciens eftimoient eftrevne grande felicité,fi les fucceffeurs
defiroient fauoir l'eftat des predeceffeurs:dont Pompone Attique ami de Cicerõ,& M.Varron,ont fait liures des hommes bien renommez & fameux , auec le pourtrait des perfonnages, defquelz ilz auoient efcrit. Ie n'ay efté en lieu, ou
lon trouue plus de medailles,qu'en Egypte,aux villes ruïnees.
Les Maures, & Arabes qui les trouuent, pource qu'ilz ne les
cõnoiffent,les baillent (par maniere de dire) pour vn mor-
ceau de pain , defquelz en ay acheté, eftant en ce païs là, de
diuerfes manieres & en bonne quantité. Et moymefme en
trouuay aucunes dens lefdites vieilles ruïnes d'Alexandrie,
tirant iufques au Nil : defquelles ie voulois faire pourtraire
les plus exquifes, & les inferer en ce mien petit traité : à ce
qu'à moindre peril & coutange que moy, en euffiez la vuë:
ne fut que quelques vns de mes bons amis (aufquelz i'en de-
mandois l'auis & opinion) me dirent que plufieurs doctes
perfonnages m'auoiét en cela preuenus, & mefmes en auoiét
faits liures amples & entiers. Parquoy ie fis fuperceder aux
pourtraits & taille d'icelles,attédu qu'il n'y en auoit que deux
de taillees:lefquelles (pour ne perdre la befongne, aufsi pour
vous montrer quelle fut efté la fuite de telle mienne entre-
prife) i'ay bien voulu ici eftre mifes. Au reuers de celle de
Cefar Germanicus(non celui Germanicus filz de Drufus &
d'Antonia qui furmõta le Roy d'Armenie) y ha vn chariot
trionfant auec telle infcripcion. CAESAR GERMANICVS.
Au reuers de celle d'Antonius Pius , eft le Tibre, vn Dieu
barbu & ayát perruque,lequel eft couché tout nud par terre:
à fon coté eft vne louue qui alaitte Romulus & Remus,auec
telle infcripcion ORIGINE POPVLI ROMANI. S. C.

Or

Or pource que ïeſtois en Egypte ou iadis regnerent les Pto-
lemees , ie fus ſongneux de pouuoir recouurer de leurs medailles. Mais certes il ne me fut onques poſsible en trouuer,
que de Denis Ptolemee,qui fut le dernier de douze Rois de
ce nom , qui regna en ladite Egypte apres Alexandre le
grand,& fut celui qui fit mourir Pompee.Leſdites medailles
ont de l'un des cotez l'image d'icelui Denis,d'un viſage gros
& replet,portant groſſe barbe eſpoiſſe & fort creſpe.Au reuers il n'y ha ſeulement qu'vne aigle. Encores que Pompee
ſoit mort en ladite Egypte,on n'y trouue aucunes medailles
de lui,ſinon entaillees en de cornalines, & porte ledit Pompee vne colomne ſus ſa teſte. Auec les ſuſnommees ïen ap-
portay bien deux ou trois cens : deſquelles , en paſſant par
Lion,ie diſtribuay bóne partie à quelques vns de mes meilleurs amis, comme à Monſieur le Ballif des montaignes du
Dauphiné, Guillaume Choul,gentilhomme Lionnois,eſtát
auerti qu'il eſtoit amateur d'icelles : ce que nous teſmoigne
vn liure,qu'il ha fait par le commandemét du feu Roy, intitulé, Les antiquitez Rómaines. Outre les choſes deſſuſdites,
nous viſmes audit lieu de Rouſſette , Palmes , concombres,
melons,oranges,caſſes, & pommes d'Adam, qui ſont comme petis concombres,de ſaueur, & de douceur merueilleuſe.

Simeon

Simeon Sethi, Nicander, & pluſieurs autres auteurs bien fa-
mez, ont eſcrit de la Palme, & de la nature des Dates, & des
Figues royalles. Pour le preſent ie diray ſeulement , que la
Palme d'Egypte eſt appellee Adipſos , pource qu'elle ote la
ſoif, moyennant qu'on cueille le fruit à demi meur , qui ha
odeur de Coins : C'eſt arbre ne perd iamais ſes fueilles, & ne
ſuccombe pour aucun fardeau, & eſt de longue vie. Orus dit
que les Egypciens ſignifioient l'an, par douze rameaux de
Palme, & le mois, par vn: car c'eſt arbre à chacune Lune nouuelle produit vn rameau, tellement qu'en douze Lunes, qui
font l'an, elle ha ietté douze rameaux: ce que ne font les autres
arbres. Il y ha pareillement abondance de Cannes, dont on
tire le Sucre : ce qu'auſsi lon trouue auiourdhui en Cypre,
Rhodes, Candie, & pluſieurs contrees d'Italie: ce qu'au tems
paſſé ne ſe trouuoit guere qu'en Arabie felice , ou Indie : &
n'uſoient les Anciens de Sucre qu'en medecines. Auiourdhui
la friandiſe des hommes le ſcet bien appliquer à autre vſage.

Du Nil, & des Crocodiles.   CHAP.   XXXVIII.

ET NON ſeulement y ha à Rouſſette grand'
abondance de Sucre : mais auſsi iuſques au
Caire, en allant ſus le Nil, qui anciennement
s'appelloit Gion : lequel ſe depart en telle ſorte, qu'il ha fait deux Iſles, en forme d'un triangle, reſemblás à ceſte lettre grecque Δ, nommee Delta, de laquelle la plus grande , porte le nom. L'inondacion , & deſ-
bordement du Nil, auient tous les ans apres le ſolſtice d'eſté,
(qui ſe fait aux Ides de Iuin) & eſt ſeul au rebours des autres
fleuues : car il eſt plus gros en eſté, qu'en yuer, combien qu'il
ſoit tiré du Soleil, comme les autres. La cauſe de la croiſſan-
ce & exondacion d'icelui eſt en doute , comme tu pourras
voir

voir en Herodote pere des Historiografes Grecs : toutefois
il semble attribuer la cause de ce desbordemét au Soleil. Aucuns pour le circuit qu'il fait à lentour du païs d'Egypte, ont
iugé, que cestoit vne Isle. Quant à la cause pourquoy le Nil
n'est point suiet aux vents, Heredote est d'opinion, que c'est
pourautant que de lieu fort chaud n'est iettee aucune exhala-
ciõ: aussi volontiers les vents procedent des lieux froids. De la
source du Nil, le susdit auteur en parle assez prolixement:
parquoy ie m'en deporteray, & viendray à la nature de l'eaue
d'icelui: de laquelle (combien que plusieurs Medecins en ayét
parlé) la connoissance est trop plus necessaire, que de l'origine. En medecine les eaues palustres, ou de riuieres, ne sont de
grand' recommandacion, hors mis celle du Nil, lequel pour
son excellence ha esté d'aucuns Poëtes nommé Saturne, &
Iuppiter. L'eaue d'icelui est plaisante à boire, & ne fait grand'
demeurance au ventre : elle ote la soif, au lieu que les autres
fleuues desseichent, principalement quand le païs & l'air ne
sont commodes, comme testifie Dioscoride. Elle rend les
femmes d'Egypte plus fecondes: combien que ceste proprieté nous est encores inconnue. Quant à la connoissance des
eaues en general, Galien, & Paul Eginet, disent, qu'il faut regarder si l'eaue est chaude en yuer, & froide en esté : si elle
est pure, & de couleur entiere : si l'hypostase est bonne, & si
elle est legere : car la grauité d'icelle denote terre, qui est
meslee ensemble. Outre, faut considerer si elle préd tot froid
& chaleur. Mais à propos, dedens le Nil se trouuent Crocodiles ainsi appellez, pourautant qu'ilz haissent & craingnent
grandement le Safran, & combien qu'ilz soient animaux
terrestres, marchans à quatre piez, toutefois ne laissent d'estre
aquatiques: car la nuit ilz se retirent dedens la riuiere, pource
que l'eaue est plus chaude que le serain, ne que la rousee.

s   Ioint

Ioint aufsi que fans eaue ilz ne peuuét viure, combien quilz
fe tiennent la plus part du tems en terre. Ilz ont la peau tant
dure qu'à grand' peine la peult on percer d'un dard, & certes
ny ha flefche qui peuft en rien endommager leurs efcailles,
tant elles font dures & fortes. Quand ilz mangent, ilz re-
muent la machoire de deffus : leur morfure eft venimeufe,
& ont les dents grandes, comme celles d'un Porc fanglier.
Ilz mangent volontiers bonnes herbes,dedens lefquelles s'en-
ueloppe vn petit ferpent appellé Enidros , qui leur eft grandement contraire & auerfaire:puis quand ilz prennent l'herbe,ilz engloutiffent icelui ferpent,qui puis apres leur perce le
ventre & entrailles , & les tue. Les Medecins du païs difent,

que

que leur greſſe eſt tres ſouueraine en medecine,& que pourautant les Egypciens oingnoient anciennemét leurs malades
de la greſſe d'iceux Crocodiles. Au Caire y auoit vn Maure,qui en auoit ſix tous en vie dedens vn viuier, qui eſt vne
choſe fort eſpouuentable à voir. Les Maures & Arabes du
païs, quand ilz en ont prins quelcun au fleuue du Nil, ilz
leſcorchent & mangent la chair,& ſalét la peau pour la ven-
dre à ceux qui vont par delà : comme choſe rare & ſingu-
liere.Sus tous animaux ceſte beſte deuient grande à merueille,& ne fait guere ſes eufs plus gros que ceux d'une Oye: & le
petit qui en ſort, eſt grand à l'equipolent. Ce neantmoins il
croit iuſques à quinze coudees,ou (comme dit Herodote) à
dixſept de longueur.Dedens l'eaue il ne void rien:mais hors
d'icelle , il ha la vuë fort aigue, & combien que tous les oiſeaux le fuient,toutefois le roitelet ſe trouue ſon ami.On dit
que ceſte beſte voyant l'homme fait ſemblant de plorer ,à
fin que par ce moyen elle le puiſſe deuorer,apres qu'il ſe ſera
approché pour lui donner ſecours,penſant que ce ſoit quelque perſonne,qui ait beſoin d'ayde & de ſecours: D'auantage,en ce fleuue y ha des Hippopotames, c'eſtadire, cheuaux
de riuiere , qui ont les quatre piez fourchus, encoulleure de
beuf,crin de cheual,muſeau camus, queue, & hanniſſement
de cheual, les dents longues, & crochues, excedant en grandeur le plus grand beuf qui ſe peuſt trouuer. Ces deux
animaux(deſquelz iay parlé)ſeruent de lettres ſacer-
dotales,comme dit Orus Apollo en ſes notes hie-
roglyphiques.Ie laiſſe toutes autres beſtes tant
aquatiques que terreſtres , comme , Dauphins, Serpens ayans creſte , Ibes,
& autres ſemblables,pour
parler du Caire.

OVRCE que la defcripcion des villes eſt chofe notable, & qui contente grandement l'efprit, ores ie vous diray du Caire ce que bonnement s'en peult dire. Le Caire eſt vne ville iadis appellee Arſinoe, pres de la Mer, depuis nommee Memphis, edifiee d'un Roy Ogdoüs. Auiourdhui eſt appellee le Caire, du nom de Babylone, qui eſt prochaine de là, & ainſi ont accoutumé les gens ſauás prendre chofes prochaines, & voiſines pour les autres, comme ie pourrois montrer en pluſieurs paſſages poëtiques. Ceſte ville ha de circuit centcinquante ſtades. Les Iuifs me diſoient qu'elle ha de largeur quinze mille, & vint, de longueur. Le nombre des parroiſſes du diable, c'eſtadire, Moſquees, edifiees de marbre, montent iuſques à mille & deux : tellement ha Satan augmentees ſes Synagogues : dont eſt facile de connoitre combien la ville eſt peuplee & grande. Quand ilz vont auſdites Moſquees pour faire leurs oraiſons & inclinacions accoutumees, ilz ſe lauent les piez, les mains, le viſage, brief, ilz ſe nettoient tout le corps, tant les hommes que les femmes, eſtimans que les macules de l'ame ſoient purgees par vn ſenſible Element, ſans deſpouiller leurs mauuaiſes affeccions, ny changer leur mechante vie. Ilz font oraiſon cinq fois le iour : la premiere au matin : la deuxieme à midi : la troiſieme à veſpres : la quatrieme à ſoleil couchant, ſus l'entree de la nuit : la cinquieme quand ilz ſe vont coucher. Et eſt leur Meſquite vn temple tout blanc au dedens, ou il y ha grand' quantité de lampes ardentes. Leurs Preſtres nommez Taliſmans, ſont tenus de les appeller aux heures preciſes, à venir faire l'oraiſon : & pour ce faire montent à la cime

d'une

d'une haute tour qu'ilz ont en lieu de clocher, ou se pour-
menans par vn deambulatoire, estouppans leurs oreilles de
leurs doits, crient à voix desployee & de toute leur force,
choses non vulgaires,& qui ne doiuent (à leur dire) aucunement estre prononcees des Chrestiens. Toutefois ie vous
diray ce qu'vn Turq, à moy familier, m'en ha donné par
escrit. Premierement ilz crient de toute leur puissance,voire
de sorte que les chiens s'en prennent à hurler. *Allah heber,*
*Allah heber,*qui vaut autāt à dire,que,Dieu est grand,Dieu
est grand.Derechef ilz disent. *Lailach illalach,* Dieu est vn
Dieu grand.*Mehemmet Resulallach,Mehemmet Resulallach,*
Mehemet est son enuoyé & son Prophete.*ya len cela,*venez à
l'oraison adorer Dieu.Et repliquét quatre fois ces paroles.Le
peuple oyant ces cris se prepare pour aller à leurs Mosquees,
dens lesquelles (apres s'estre lauez) ilz entrent deschaux(ayās
à l'entree oté leurs souliers) & là sont beaux tapis turquins
preparez, sus lesquelz ilz s'assient les iambes en croix à la
maniere des Couturiers, puis crient à haute voix les paroles
que dessus, Dieu est grand,& son Prophete:Dieu est grand,
& son Prophete : & resumeront bien lesdites paroles plus
de trois mille fois:Lesquelles si vn Chrestien par impruden-
ce,ou autrement,auoit proferees en leur païs,& il fut ouy, il
seroit contraint de se faire Turq,ou bien de mourir sans au
cune merci.Tellement que quād i'allois par la ville du Caire
plusieurs Turqs me disoient ces paroles à haute voix, à celle
fin que ie disse apres eux : mais i'estois de cela assez auerti.
Les femmes n'entrent gueres en leurs Temples, à cause (ce
disent ilz) qu'elles sont immondes, & pourautant indignes
d'y entrer : qui plus est, elles ne sortent iamais de la maison
le visage descouuert, mesmes depuis qu'elles sont mariees ne
frequentent ne pere ne mere. Ausurplus lesdis Turqs sont

s 3

circ

circoncis comme les Iuifs , au lieu que nous sommes bati-
sez. Combien quilz tiennent Iesuchrist pour vn grand &
excellent Prophete. Ilz ont ensuiuis, & de present ensuiuent
toutes les anciennes heresies & opinions des Arriens, Sabelliens,Manicheens.Donatistes,Nestoriens,Pelagiés, & autres,
en plusieurs passages : qui nous demontre clerement leur
loy & religion estre vn comble de toutes erreurs. En ladite
ville du Caire estoit iadis la forteresse des Rois d'Egypte : &
encores le Bacha d'Egypte y fait sa residence , & y tient
grand' cour, accompaigné d'un grand nombre de Iannis-
saires.Ce chateau fut fait anciennement des Rois dudit païs,
au plus beau & haut lieu , qui soit en toute la cité, tellement
quil se voit de loin.Là y ha plusieurs animaux,comme,qua-
tre Elephans, Lions, Tygres,Leopars, Scorpions, Rhinoce-
res (qui est vn animal à quatre piez, ayant vne corne aux
narines,grand ennemi de l'Elephant)Veaux marins,Cigon-
gnes. Ie ne veux mettre en oubli deux Girafles que i'y ay
vuës qui ont le col plus grand que le Chameau, deux cornes de demi pié sur la teste , vne petite au front , les deux
iambes de deuant grandes , & hautes , & celles de derriere
courtes, ainsi que pouuez voir en la figure suiuante, laquelle
ha esté representee au plus pres du naturel qu'a esté possible.
Ceste beste est le simulacre des gens doctes, & lettrez, comme recite Policien. Car ilz semblent de prime face estre
aspres,rudes,& facheux,combien qu'à raison du sauoir quilz
ont soient beaucoup plus gracieux, humains & affables, que
les autres qui n'ont en rien connoissance des lettres , & vertus : ou qui seulement ont salué les Muses, comme on dit
communément,de l'entree de la porte. Autre chose n'ay veu
audit Caire du tems que i'y estois , qui soit digne d'escrire,
fors le grand trionfe que font les Turqs lors quilz vont à la
Meque,

Meque, ou ilz difent que le corps de leur Prophete Machomet eft inhumé : Et leur eft ce iour de trionfe tant folennel,
quil neft permis à aucuns Chreftiens de fe trouuer par les
rues, sil ne veult eftre battu: Mais on peult voir par les fene-
ftres des maifons, toute la brauade de la cheualerie, & tout
le trionfe quon y fait: chofe qui feroit trop prolixe à raconter. Mais vrayement silz fe refiouiffoient, nous autres Chreftiens auions bien matiere de gemir & foulpirer, vn du lieu
pour lors nous recitant quil y auoit en ladite ville du Caire,
plus de trente mille efclaues, la plus part Chreftiens, enleuez
de toutes pars de la Chreftienté: lefquelz ilz vendent & tró-
quent duns à autres, comme lon fait des cheuaux, beufs, &
                                             moutons

moutons en pleine foire, pour trauailler & labourer à la dif-
crecion des maitres quïlz feruent. Ce que en bonne foy , ie
ne puis reciter fans larmes , veu la merueilleufe abondance
qui eft, non feulement en Egypte, mais aufsi aux autres villes
fuiettes au grand Turq : mais pour ne pafler en filence, celle
Babylone , laquelle (comme ci deuant auons dit) ha donné
nom à cefte ci , il faut entendre quïl y ha deux Babylones,
vne en Mefopotamie, ou anciennemét les Chaldeens auoiét
dominacion : maintenant font priuez du lieu & de tout le
pais. Le grand Signeur à prefent tient le tout. Au tems que
ieftois par delà, fon filz ayné , nommé Sultan Mouftapha,
eftoit Bacha du pais (lequel depuis il ha fait mourir, comme
eft lufance & commune façon de faire entre eux, que le pere
face mourir le filz, & le filz le pere, & tous fes freres, sïl en ha
aucuns, & sïl eft le plus fort.) En celle Babylone fut le peuple des Iuifs, en captiuité foixante & dix ans. Le fleuue Euphrates paffe en ce lieu là, & arroufe le païs, comme fait le
Nil l'Egypte. Aucuns difent que ce fleuue, le Nil, le Tygre,
& Gangez viennent de Paradis terreftre, lequel l'on dit eftre
en vne haute montaigne, dont les eaues qui en tombét, font
vn lac qui fait fi grand bruit que tous ceux qui en font pres
en font fourds : ainfi l'afferme Ifidore au quinzieme chapitre. S. Ambroife en fon Hexameron, dit que de ce lac, ainfi
comme d'une fontaine, iffent fes quatre fleuues prenommez.
Nonobftant que Salufte auteur tres ancien dit, que le Tygre
& Euphrates fortent d'une fontaine d'Armenie. La feconde
Babylone eft en Egypte, fituee aux confins de l'Arabie. Pres
de cefte Babylone y ha eu autrefois de belles villes , comme
Thebes, qui premierement fut nommee Diofpolis , laquelle
eftoit fi grande qu'en icelle (felon Homere) y auoit cent portes : elle fut deftruite par Cambyfes : puis eftoit Memphis,
(dont

(dont à prefent auons parlé) qui fut premierement fondee par Ephafe filz de Iuppiter : laquelle ha efté plus renommee entre les Filozofes que nulle autre ville d'Egypte. Tellement que Pythagoras & Platon laifferét leur païs pour venir voir les merueilles de cefte cité. Et mefme ce grand Filozofe & Magicien Apollonius apres auoir difcouru tout l'Orient (comme tefmoigne S.Ierome) vint en Egypte pour voir les Memphitiques & Prognoftiqueurs des chofes futures: aufsi pour voir la table du Soleil tant renommee , laquelle eftoit au Caire , qu'eftoit vn lieu toufiours garni de tous mets de viandes, expofé à tous ceux qui en vouloient man-ger. Et pource que telles viandes eftoient mifes tant fecret-tement de nuit que fans le fceu de perfonne, on les trouuoit toutes preftes à Soleil leuant : tous ceux qui y venoient de matin & qui les trouuoient ainfi bien appreftees , les efti-moient eftre là prouenues diuinement. Il y ha encores de prefent vne ville toute ruïnee, nommee Elephantia, laquelle termine l'Egypte de l'Arabie.

Des Pygmees.   CHAP. XL.

IE FERAY ici vn chapitre brief,& à part,de chofe non mons vraye, que parauanture elle vous femblera eftrange.C'eft que au chateau (duquel parci deuant vous ay parlé)y ha plu-fieurs Nains,lefquelz font en grec autrement appellez Pygmæi, de Pichys, ou Pigoufion (comme dit Eu-ftace) laquelle mefure les Latins nomment Cubitus , & en François nous l'appellons coudees,qui contient douze doits, fauoir eft, vn pié, & demi. Ceft vne chofe affez commune, qu'en Indie y ha vne region tirant vers Orient dite Pygmee, affife es montaignes contre la mer,ou habitent les Pygmees,

t   lefquelz

lefquelz au lieu de cheuaux , vfent de Moutons & de Chie-
ures, & fe combattent contre les Grues , & leur froiffent &
rompent leurs nids & cufs , ayans crainte qu'elles ne fe mul-
tiplient : ce que bien à plein raconte Pline , en fon premier
liure. Mefme il recite, que ceux qui font es montaignes des
Indes n'excedent point trois Spithames,& Dodrás,ceftadire,
trente fix doits,qui valent deux piez & vne paulme qui vaut
quatre doits,lefquelz petis mirmidons(ainfi que defcrit Ho
mere,vray comble de toute Filozofie)font fort moleftez des
Grues, qui leur font la guerre:comme pareillement nous lifons de ceux de Thrace.Iuuenal en la treizieme de fes Saty-
res dit que ces Nains , & petites gens , n'excedent vn pié de
hauteur

hauteur : car ilz ſont appellez Spithamæi, d'une meſure Spi-
thama, autrement dite Dodrans, & Palmus maior, qui con-
tiét douze doits: & le pié en meſure en fait ſeize. Ainſi nous
pouuons connoitre par lectures, & diuerſitez d'auteurs, qu'il
y ha trois manieres de Pygmees: Les vns viennent iuſques à
la hauteur de vintquatre doits, qui eſt vn pié, & demi : Les
autres iuſques à trente ſix, qui ſont deux piez, & vne paulme:
Les autres iuſques à la grandeur & meſure de douze doits.
Ariſtote dit qu'ilz demeurent dens de cauernes de montaignes. Leurs femmes font enfans à cinq ans, & deuiennent
vieilles à huit. Ie ſay bien que pluſieurs trouuerōt ce chapitre
parauanture non moins facheux qui leur ſemblera eſtrange:
& penſeront ces choſes ici totalement eſtre friuoles & indignes d'eſtre ici recitees, comme ſi c'eſtoient fables. Auſquelz
ie reſpondray reſolument que mon intencion n'eſt point
de raconter fables, non plus qu'a fait Homere, & pluſieurs
autres Poëtes, qui comme moy, & deuant moy, ont eſcrit
de ces meſmes choſes, ſelon que teſtifie Ciceron au ſecond
Liure de l'Orateur, à Quinte ſon frere. Et encores que les
Poëtes ſeulz en euſſent parlé, nous ſauons bien par l'art poëtique d'Horace, qu'ilz meſlent touſiours choſes vtiles auec
les delectables & plaiſantes : dont nous voyons les fables
d'Eſope eſtre tant louees par Quintilien en ſon premier Liure. Mais parauenture que quelcun trop delicat refuſera toutes ces viandes, deſirant choſes plus ſolides. Pourautant ie le
veux ſeruir d'un mets, prins dens Ezechiel vintſettieme chapitre, qui lui ſera bonne bouche, lequel certes bien gouté
ſera, à mon iugement, trouué fort bon. *Sed & Pigmæi qui*
erant in turribus tuis, dit Ezechiel, *pharetras ſuas ſuſpenderunt,*
&c. Donques puis que la Sainte eſcriture fait menciō de telz
Pygmees, hommes de petiteſſe prodigieuſe, & meſure d'un

ɼ 2.   bras

bras, il n'en faut aucunement douter , si nous voulons auoir
quelque reuerence & donner foy à ce que les saints liures
contiennent:outre ce que S.Augustin le côferme au liure de
la cité de Dieu seizieme chapitre. Et qui me fait le cas ainsi
affermer,c'est,que du tems que iestois au Caire ïen vis cinq,
extremement petis,qui alloient par la ville pour trafiquer de
marchandise, marchans le petit pas & d'une grande grauité,
& estoient conduis par deux Iannissaires. Ilz estoient vétus
à la façon de leur pais. Tout le monde s'assembloit à mon-
ceaux par les rues pour les contempler , s'esmerueillans de les
voir si modestes & benins : de sorte que les Turqs & Maures y prenoient vn merueilleux plaisir,veu leur estrange pe-
titesse. Quand ilz viennét au pais d'Egypte auec les Indiens
leurs voisins, c'est merueille de voir vn tas de petites beson-
gnes qu'ilz apportent,lesquelles ilz changent à d'autres mar-
chandises du lieu, & principalement à du Coral. Et mesme
la plus grand part des marchans Indiens achetent tout tant
de Coral qui vient d'Espaigne,de Sicile,d'Afrique,de Sardine,& de toute l'Italie. Et me dit vn truchement (auquel ie
m'enquerois pourquoy ilz en faisoient si grande emploite)
qu'vn homme n'estoit rien prisé en leur pais,si lui,sa femme,
& ses enfans n'estoient tout autour garnis & ornez de Coral,mesme que les maisons des plus riches Signeurs sont tou
tes parees de branches d'icelui : aussi qu'ilz estoient
fort suietz de rendre à toutes les Lunes grande
abondance de sang : qu'estoit l'occasion
principale pourquoy ilz en achet-
toient à si grande abondáce.
Car le Coral retient
& estanche le
sang.

Des

Des Pyramides.　　　　　CHAP. XLI.

PRES auoir veu le Caire nous allames voir par maniere de recreacion les Pyramides, desquelles plusieurs auteurs escriuent, & les nombrét entre les sept miracles du Monde: à cause dequoy Demetrius Simiceus fut induit & esmu d'aller en ceste contree qui est entre le Caire & le Delta, pour les voir : Ces Pyramides sont faites en pointe de Diamant, esleuees comme Tours, & surmontant toute hauteur de montaigne : Et pource qu'en bas elles sont fort larges, & tousiours en montant viennent à diminuer, les Geometriens les appellét Pyramides, du nom du feu, dit en Grec, Pyr. De trouuer & connoitre la mesure de sesdites Pyramides, & semblables choses tant hautes, n'estoit possible deuant Thales Milesien, nombré entre les sept Sages de Grece, qui premier trouua le moyen de sauoir la quantité, & hauteur de ces choses. Les Rois d'Egypte faisoient faire ces Pyramides, pour laisser memoire particuliere d'eux : ce que n'a iamais loué Pline, homme de grande doctrine & de bon iugement : ains appelle ces monceaux de pierres, vanitez, & ostentacions des Rois d'Egypte, ocieuses & temeraires. Les autres disent, que les Princes faisoient ces grans despens, à fin que le peuple ne fust ocieux : ou bien qu'ilz ne donnassent occasion de pourchasser leur mort, à ceux qui deuoient apres eux succeder. En ce lieu là, estoit anciennement Babylonia, autrement nommee Bagadet. Herodote nomme plusieurs Pyramides, comme celle de Cheopes, laquelle demeura vint ans à estre parfaite: Elle estoit de forme carree, ayant en chacun front huit cens piez de largeur, & autant de hauteur : chacune pierre ordinairement estoit de trente piez,

t 3　　　fort

fort bien ouuree, taillee, & grauee, auec figures de diuerſes
beſtes. Les autres ſont de Cephis, de Micerine, ou bié d'Aſy-
chis, combien que de vray on ne ſcet qui les ha faites, pour-
cè que les Egypciens portans mauuais vouloir à ces Rois,
ne les daignoient ſeulement nommer, & diſoient que ſes Pyramides auoient eſté baties par vn Berger. La cauſe du mauuais vouloir, eſtoit pourautant, que leur affliction regna cent
ſix ans, & par ſi long trait de tems, les Temples furent cloz
ſans les ouurir. Les Iuifs m'ont dit pluſieursfois, qu'ilz trouuoient en leurs Chroniques, que ces Pyramides eſtoient les
appuis des greniers de Pharaon: ce que n'eſt vray ſemblable.
Ie croy pluſtot ce qu'aucuns diſent : que c'eſtoient les Sepultures des Rois, comme il appert par Herodote : & de ce i'ay
fait l'experience : car i'ay veu dens vne Pyramide, vne grand'
pierre de marbre, taillee en façon de Sepulcre. Aupres de ceſ-

dites Pyramides y
ha vne teſte groſ-
ſe à merueille, qui
eſt de pierre, &
eſt ſelon le iuge-
ment d'aucuns, la
teſte d'un Coloſ-
ſe, que fit faire Iſis
fille de Inachus,
iadis tant aymee
de Iuppiter, & tát
reueree des Egy-
pciens, qui la deï-
fierent & lui fi-
rent ſacrifices, de
ſi eſtrange ſorte,
que

que les Preſtres d'icelle ſeſtre oté tout le poil quïlz auoient
ſus leurs corps, ſe battoient & lamentoient, comme elle faiſoit, lors qu'elle perdit ſon mari Oſiris. Nous liſons bien
qu'aupres de ces Pyramides, y auoit vn Sphinx merueilleuſement haut: qui fait coniecturer que ce ſoit la teſte d'icelui,
de laquelle fait mencion Pline: car elle eſt groſſe comme vne
Tour, ayant de circuit centdeux piez, de longueur centqua-
rante trois. Le Labyrinthe eſt demoli, & pluſieurs autres,
tant Pyramides qu'Obeliſques, que fit abbatre & razer Cam-
biſes le cruel.

Des Sepultures des Egypciens, Momies & Baume.
CHAP. XLII.

IL Y HA d'autres Sepultures à deux lieues
loing de ces Pyramides, qui ſont ſouz terre,
& y entre on comme en vne Cyſterne, &
pour l'obſcurité qui eſt leans, il y faut porter
flambeaux de feu. Là ſe trouuent encores auiourdhui pluſieurs corps des Egypciens inhumez, qui eſtoiét
deuant l'auenement de notre Signeur. Vous me pourriez demander, pourquoy ces corps demeuroiét ilz tant ſouz la terre, ſans ſe pourrir, ny conſumer? Ici conuient noter qu'entre
toutes autres nacions, les Egypciens ont eſté fort ſongneux
de leur ſepulture: ce qu'Orus Apollo nous demontre en
ſes Notes hieroglifiques par vn Serf enterrant ces dents. Et
pource qu'il y auoit de trois condicions de gens, auſsi y auoit
il trois manieres de funerailles & ſepultures. Quand vn hôme notable eſtoit decedé, les parents & amis du treſpaſſé ſe
ſouilloient le viſage & la teſte de bouë & fange, & tournoiét
toutes les rues de la ville lamentans, & ceins par le milieu du
corps, auoiét tout le deuant de la poitrine deſcouuert: Et en
ceſt

ceſt eſtat ſe battoient. Ceſte montre acheuee, ilz portoient
le corps aux ſaleurs,& embaumeurs, qui eſtoit vn office à ce
dedié.Pour le bien embaumer ilz faiſoient couler le cerueau
du mort par les narines auec ferremens à ce conuenables:
ce pendant les autres entonnoient Baumes, & autres onguens. Puis ilz le fendoient & inciſoient auec vne pierre
Ethiopique fort trenchante, & tiroient les entrailles hors du
ventre. Le ventre ainſi vuidé,& arroſé de vin de Palme,ilz
empliſſoient les entrailles de Caſſe,de Myrrhe fine, & autres
bonnes odeurs, couzans l'inciſion du ventre qu'ilz auoient
faite. Puis le corps bien ſalé, & apres ſoixantedix iours net-
toyé,ilz le lioient de bendes faites d'un drap de ſoye, & col-
lees auec certaine gomme. Ce fait les parens reprenoient le
corps, & le ſerroient en vn coffre, comme vn treſor, qu'ilz
dreſſoient debout contre la muraille.Ceux qui n'auoient pas
tant à deſpendre rempliſſoient certains canons de Cliſteres,
d'huile de Cedre : & ſans faire aucune inciſion, ſeringoient
le corps du defunct par le fondement: & ainſi rempliſſoient
d'odeurs les entrailles, ſans les tirer hors : & ſoixãtedix iours
apres ilz retiroient l'huile du ventre , laquelle auec ſoy ame-
noit tous les boyaux,& entrailles deſeichees,& recuites.Le ſel
auſsi duquel ilz vſoient eſtoit de telle nature, qu'il mangeoit
& conſumoit la chair, tellement qu'il ne reſtoit du corps du
defunct que la peau, & les os. Les poures eſtoient accoutrez
plus à la legere. Car le corps eſtoit preparé ſeulement auec
purgaciõ certaine,& apres ſalé,puis eſtoit renuoyé. Les femmes de maiſon,ou qui auoient eſté reputees belles, n'eſtoient
ſi tot liurees aux ſaleurs : & pour cauſe. Vne choſe ſinguliere eſtoit, que ſi vn eſtranger eſtoit tué d'un Crocodile, ou
noyé au Nil , la ville ou le corps abordoit , eſtoit tenue lui
bailler ſepulture la plus honorable , que poſsible eſtoit , &
v   n'eſtoit

n'eſtoit licite à perſonne de toucher le corps, ſinon aux Preſtres du Nil, comme ſi ledit eſtranger fuſt quelque choſe plus
qu'homme mort. Les Egypciens auſsi auoient entre eux ceſte coutume, qu'auant que inhumer vn corps, les parens le
notifioient au Iuge, & aux amis du treſpaſsé, & deuant que
le mettre en terre eſtoit permis à vn chacun l'accuſer : & s'il
eſtoit trouué coulpable, le Iuge prononçoit par ſa ſentence
que ſepulture lui ſeroit deniee. Si nul ne ſe trouuoit pour
l'accuſer, adonq les parens finiſſoient leur deuil, & ſe mettoient à reciter ſes louenges, ſans faire mencion de ſa genea-
logie: car ilz s'eſtimoient tous nobles, & qu'à l'homme ſeul
eſtoit deu l'enfant, & que la femme qui le portoit en ſon ven
tre ne lui ſeruoit que de nourriture, & de lieu pour viure &
s'augmenter. Par telles ordonnances viſibles, & non fabuleu-
ſes, les Egypciens tous les iours s'enhortoient les vns les autres à faire choſes honneſtes, & du tout ſe regler à vertu. Car
ilz voyoient que louenge eſtoit attribuee aux bons, & tourment aux meſchans: qui ſont les principes de vertu. Aucuns
diſent que les Egypciens auoient ceſte opinion, que le corps
eſtant bien gardé & bien conſerué de putrefaccion, bailloit
ſoulagement à l'ame. Parquoy ſe faiſoient oindre de Cedres,
de Myrrhe, de Cynamome, & d'autres choſes odoriferantes,
pour non ſeulement garder long tems les corps ſouz la terre, mais auſsi à fin de leur faire rendre bonne ſenteur. Ceſdis
corps auiourdhui ſont appellez Momies, du Cinamome, par
vne figure que les Grammariens appellent Aphereſis, c'eſtadire abſciſion & retrenchement de quelques ſyllabes prece-
dentes. De ces Momies vſent les Apoticaires : mais aucuns
d'eux errent en ce, qu'ilz penſent que ceſdis corps ſe trouuent
ſouz les ſables. Car moy eſtant ſur le lieu auec deux Medecins Veniciens, & quatre marchás de Rhaguſe, accópaignez
de

de six Iannissaires, fut trouuee vne femme en son entier, ayát
les ongles grands à merueilles, & les cheueux iusqu'à demi
iambe, en sorte qu'on eust dit qu'il n'y auoit pas deux ans,

qu'elle estoit morte : Semblablement fut trouué vn homme
de grand' corporence, & surpassant de beaucoup la grádeur
accoutumee des humains, ayant grand' barbe, dedens lequel
estoit vn petit Idole. A mon iugement c'estoit celui lequel
encore viuant ilz adoroit: car les Egypciens estoient fort ce-
remonieux, & grans idolatres. Nous trouuames aussi audit
lieu grand' abondance de testes de beufs, chiens, chats, & autres animaux. Car quand vne de ces bestes estoit morte ilz
l'oingnoient d'huile de Cedre, & d'autres onguens, à fin de
la garder plus songneusement. Puis l'enterroient en quelque
lieu à ce dedié, & ne faisoient moindre deuil à leur mort
qu'à celle de leurs propres enfans. Voilà quant aux funerailles, & sepultures tant des hommes, que des bestes. Les Grecs
bruloient les corps, & n'eussent voulu pour rien changer ceste coutume: dont Pindare dit à bon droit, que coutume est
comme vn Roy dominát sur toutes choses. Les Grecs ainsi
faisans, vouloient donner à entendre certaine purificacion
qui ne se fait point sans feu: ou bien que ce qui est en l'homme de diuin, & celeste, quasi par chariot ardant, retourne
d'ou il est vénu. Or toutes ces choses diligemment vuës, &

V 2   consid

conſiderees fut queſtion de pourſuiure notre voyage, à raiſon de quoy nous vinmes en vn village nommé la Mataree,
ou il y ha vne fontaine, qui arroſe le iardin ou ſe trouue le
baume, qui ha vne odeur fort plaiſante aux viperes : c'eſt
vne herbe qui n'eſt pas grande, & eſt ſemblable à la rute,
ayant ſes feuilles de couleur tirant vn peu ſus le blanc. Et ne
peult on facilement entrer en ce iardin à cauſe des gardes
qui y ſont. Audit lieu on voit auſsi vne belle, & magnifique
Egliſe, ou l'on dit que la Vierge Marie habitoit durant la
perſecucion d'Herode.

De l'Arabie, & du Mont Sinai.   CHAP. XLIII.

E LA nous partimes pour aller au Mont
Sinai, le vintetroiſieme de Mars : mais ce
voyage ne fut pas ſans grandes peines & labeurs, veu la ſterilité du païs, & les deſerts mer-
ueilleuſemét longs & ſpacieux: Leſquelz cer-
tes ne furent iamais dits deſerts ſans bonne cauſe : car ſans
mentir on ny trouue, ne ville ne bourgade, non pas vne ſeu-
le maiſon, ou l'on peuſt recouurer quelques viures : de maniere que ceux qui veullent faire le chemin, ſont contrains
de porter leurs viures, voire iuſques à l'eaue. Somme, il ne ſe
trouue par les chemins que ſable blanc comme neige, qui
offuſque ſouuentefois la vuë aux voyageurs. Et qui eſt le plus
à craindre, aux montaignes circonuoiſines ſe tiennent les
Arabes, gens fort brutals & inhumains, meſmement enuers
les Turqs, encores quilz ſoient Machometiſtes : car ſi vn
Turq de fortune tombe entre leurs mains, ſans point de faute ilz le feront mourir: auſsi leur en prend ilz de meſme, ſi les
Turqs peuuent mettre la main ſus quelques vns. Que ſilz
prennent quelque Chreſtien, ſoit Grec, ſoit Armenien, ou
Latin,

Latin, ilz le mettent en chemise, voire tout nu, puis lui donnent congé sans le crucier ny le faire mourir. Ilz ont de bô-
nes terres labourables, tant en l'Arabie Deserte & Petreuse,
qu'en la Felice : Mais ilz ne les cultiuent aucunement : ilz ne
sement, ny plantent arbres, & si n'ont ne maisons ne villes :
mais viuent à la maniere des Tartares, souz tentes & pauillons, qu'est vne vie quasi brutale. La plus part d'eux sont tri-
butaires au grand Signeur : & communement le tribut qu'ilz
donnent sont Cheuaux & Chameaux : car ilz en ont merueilleuse quantité : aussi ne mangent ilz gueres que l'aitage
de Chameaux & de Brebis, qu'ilz meinent tousiours auec
eux quelque part qu'ilz aillét. Et me disoit vn de notre compaignie, que pour tout vray il y auoit tel entr'eux qui en vn
an n'aura pas mangé à cinq solz de pain : touchant de boire
vin, ilz ne sauent que c'est. Ce neantmoins ilz viuent longuement, car l'on y voit les plus beaux vieillars qui soit au
monde possible de trouuer, les vns de cent ans, les autres de
six vints. Au surplus, qui gate le conte, ilz sont tous grans
larrons, & vont communement de nuit pour saccager ce
qu'ilz peuuent, & vont quasi tous à cheual. Leurs cheuaux,
encores qu'ilz soient si maigres qu'ilz n'ayent que les os, sont
si faits, & si duits à la course, que ie ne pense point qu'il y ait
leurier qui les peust (ie ne diray point deuancer) ains seulement les atteindre au courir. L'Arabie est diuisee en trois
parties, l'une est appellee Arabie Petree, d'une ville Petra, qui
se confine à la prouince de Syrie, du coté de Septentrion, &
d'Occident : deuers l'Orient à celle mesme prouince se confine l'autre partie d'Arabie, qu'on appelle la Deserte. Du coté
du midi est l'autre partie qu'on dit Arabie la Felice, ou sont
les Nabatheens, ainsi dite, non seulement pour les odeurs
qu'elle produit, mais aussi à raison de l'encens qu'elle rap-

v 3   porte

porte seule, entre toutes les autres parties susnommées. Arabie, en general est appellee du nom d'Arabus, filz d'Apollo & de Babylone, lequel ha esté inuenteur de la Medecine, côme aucuns disent. Arabie vaut autant à dire, comme sacree: & me semble que ce nom vient d'une diccion Hebraïque, Arabo, qui signifie plaisance, & ainsi l'appelle Ezechiel. En l'Arabie Deserte(qui est appellee Scenitis, à raison des tentes & pauillons, que les Arabes muoient & transportoient souuent d'un lieu en autre, comme gens vagabondans) est le Mont Sinai, lequel est appellé par aucuns, le Mont Casius, & de Iustin, Cinæus, à cause des ronces, buissons, & espines, dôt il est enuironné. Et de vray, les Hebrieux appellent vn arbre plein d'espines, Sina. Du nom de ceste montaigne, le pais est appellé Casiotis, selon Ptolemee, comme de la chose la plus memorable, qui y soit. I'ose bien dire que ceste partie doit estre preferee à l'Arabie Felice, pour ceste seule raison, qu'elle receut les enfans d'Israel apres qu'ilz eurent passé la Mer rouge à pié sec. Dieu bailla à Moyse en la montaigne de Sina, les dix Commandemés de la Loy, par lesquelz nous ha voulu declairer, & montrer le moyen & chemin pour paruenir au Royaume des Cieux: Comme lui mesmes estant sus terre, l'exposa à vn Iuuenceau, veux tu(lui dit il)entrer en la vie, & ioye eternelle? garde les Commandemens. Ie laisse la Loy spirituelle, qui se bailloit aux septantes par succession, sans aucune escriture, & lettres. Ie me deporte pareillement de deduire plusieurs autres Loix & statuz qu'il establit, & m'en remet à ce qu'en dit Iosephe, & les Liures de la Bible. Au pié du Mont Sinai, y ha vne belle Abbaye de Moynes Grecs de bonne conuersacion, & grand' penitence. Ce Monastere ha esté fondé par l'Empereur Iustinian, au lieu ou s'apparut l'Ange à Moyse, au buisson ardant. Pres de Sina est le Mont
Oreb:

Oreb : combien que faint Ierome n'en fait qu'vn. Là aupres
Moyfe fit fortir l'eaue de la pierre pour dóner à boire à fon
Peuple languiffant : par lequel miftere , & plufieurs autres,
eftoit donné à entendre , que le Chrift eftoit la pierre , du
fang duquel les Peres anciens auecq' nous, par foy, & nous
auec les Peres, buuons encores auiourdhui,quand nous auós
cefte ferme foy & affeurance , que par icelui nous auons re-
miffion de noz pechez. Eftans au deffus de la montaigne,
de cefte Arabie , nous voyons la Mer rouge , qui n'eft qu'à
deux iournees:ainfi dite d'un Roy nommé Erithous,qui lors
y regnoit : Et non point qu'elle foit rouge , ains femblable
à l'eaue des autres Mers. Cefte Mer s'appelle autrement , le
Goulfe Arabique , ou Perfique. Les Hebrieux pour autant
qu'elle eft fort fuiette à tépefte,& orage,l'appellent Iain Suph.
Par cefte Mer viennent les efpiceries des Indes fus grans Na
uires,qui n'ont aucuns clous ny liens de fer : ains font liees &
cheuillees auec groffes cordes, & cheuilles de bois , pourautant que venans des Indes , font contraintes paffer pres les
montaignes d'Aymant, que s'il y auoit aucun fer, les roches
attireroient lefdis vaiffeaux, & à l'aborder les briferoient.

De Gaza, & par interpoficion de lettres dite à prefent
    Gazera.   CHAP. XLIIII.

ESTE fainte & facree Montaigne de Sina
vifitee,nous rentrons dedens les deferts pour
venir à Gaza , auiourdhui dite Gazera par
interpoficion de lettres : d'ou eftoit extrait
Sanfon le fort,iadis Metropolitaine des Phi
liftins,ou nous fumes trois iours pour nous refrefchir,pour-
ce qu'auions beaucoup enduré dens lefdis deferts.Cefte ville
(comme i'ay commécé de dire) eft pour le iourdhui la plus
                                              part

part ruïnee , & s'y trouuent grandes antiquitez , comme le palais dudit Sanson , qui eſt vne partie en ſon entier. Au tems paſsé Gazera eſtoit ville merueilleuſement forte , & grande,tellement que (comme recite Diodore Sicilien)Alexandre tint le ſiege deuant par l'eſpace de deux mois , & à grand' peine la peut prendre. S. Ierome doute ſi c'eſt celle, de laquelle parle la ſainte eſcriture tant ſouuent,ou bien vne autre ſituee ailleurs,qui ait ſeulement le nom ancien. Gazera eſt en Idumee, comme nous ont laiſsé par eſcrit Pline, & Ioſephe : Toutefois aucuns diſent qu'elle eſt du païs de Iudee , les autres diſent qu'elle eſt en Paleſtine. Ici faut noter que Paleſtine,laquelle parauant s'appelloit Philiſtine,à raiſon de cinq citez là edifiees par les Philiſtins , ha eſté diuiſee en cinq parties,Idumee,Iudee, Samarie, Galilee,& le païs outre le fleuue Iourdain. Dont s'enſuit que Gazera eſt iuſtement aſsignee à la Paleſtine,comme nom general:à la Iudee,pource qu'elle eſtoit de la part & tribu de Iuda : à l'Idumee , à raiſon de la ſituacion.Pompone Mela dit,qu'elle eſt appellee Gaza, pourautant que Cambyſes , allant en Egypte pour la conqueſter , y tranſporta toutes ſes richeſſes & treſors, que les Perſes appellent Gaza , mais il il n'eſt pas vrayſemblable: car la ville eſtoit long tems parauant edifiee , & euſt eſté ſans nom : ce qui ne ſe faiſoit. Et encores qu'il fuſt ainſi (car les noms ſe changent , comme la monnoye) on peult iuſtement demander , comme elle s'appelloit auant le tranſport du treſor de Cambyſes. Quant à moy , ie ſerois bien de ceſt auis. Les Hebrieux qui font ſouuent mencion des villes prochaines de la mer, diſent que Gaza n'eſt pas appellee de treſor ſignifié par langage Perſique , & en icelui païs tranſporté : mais de force & puiſſance, à raiſon dequoy ilz l'appellent Azza, qui vaut autant à dire comme fort:Et Zacharie

charie en son neuuieme chapitre dit , qu'il faut trauailler &
debiliter la forte & puissante. Auiourdhui en ladite ville y
ha vn Capitaine pour le grand Turq,nommé Sangiacz, lequel est pareillement Turq , & tient là garnison contre les
Arabes,qui leur font iournellement la guerre,& se tiennent
es montaignes circonuoisines.Le païs est beau,plain,& assez
fertile. Les iardins sont faits à la maniere de ceux de France.
Là y ha bon vin (comme nous ha tesmoigné Sidonius) &
grand' abondance d'amendes,& de grenades: mais il ha esté
autrefois plus fertile , & plus abondant par la semence de la
parole diuine, & pluie de la doctrine apostolique. Entre les
autres predicateurs de la parole de Dieu , Gazera ha eu vn
Euesque de grand' saincteté de vie,& doctrine merueilleuse,
appellé Syluanus , lequel par le commandement de Diocle-
cian Empereur fut tué , & souffrit martire pour le nom du
vray Roy des Iuifs. A vne bonne lieue de la ville , y ha vn
port , au riuage de notre mer, lequel de Constantin Empereur fut nommé Constancia , puis de Iulian fut derechef
appellé Gaza Maritima. Ladite ville est habitee de Grecs &
de Chrestiens nommez Iacobites. Iceux sont tous tisserans
de toiles , gens rudes & mal charitables: car lors que nous
arriuames en ladite ville,quatre Chrestiens que nous estions,
dont les trois estoiét Grecs,nous nous addressames à la maison d'un Turq , pour achetter du pain frais (car certes par
les deserts nous n'auions mangé qu'vn biscuit) là nous trouuames le Turq qui dinoit, lequel nous fit , ie ne diray pas
asseoir, mais coucher à sa table,laquelle estoit en vn equipage Dieu scet quel ! car pour nappe il auoit mis vne grande
peau grace, salle, & vilaine. Sus icelle il nous presenta d'un
pain tresmal cuit, & quelque peu de chair hachee auec d'on-
gnons,vn plat de ris, & d'eaue tant que nous voulumes : car

x   le vin

le vin leur eſt defendu par leur loy. Lors,quoy qu'il coutaſt,
vn chacū de nous commença en tirer ſes pieces. Mais vray-
ment nous ſeumes bien pour quel pris : car incontinent que
nous euſmes diſné,& qu'il fut queſtion de conter , ce gentil
compere n'eut point de concience de nous demander deux
ducaz. Qui fut lors bien esbahi, ce fut nous : toutefois nous
plaidoyames tant qu'il n'eut qu'vn ducat. Que fit ce mauuais
homme: pour ſe venger de nous , il dit à vn Ianniſſaire qui
eſtoit là preſent, que nous nous eſtions ris & moqué de lui.
lequel ſans dire qui ha perdu ny qui ha gaigné , vint comme enragé charger ſus nous à grás coups de baton , meſmement ſus ceux qu'il connut à leurs accoutremens eſtre Grecs:
leſquelz ilz haiſſent grandement & les tiennent quaſi tous
comme eſclaues , ſe montrans plus humains enuers les Latins, leſquelz ilz ont en bonne eſtime, pourautant (ce diſent
ilz) qu'ilz ſont gens de guerre. Nous fumes trois iours en
ladite ville,paſſans le tems à viſiter beaucoup d'antiquitez:&
meſme y eut vn Iuif qui nous mena voir les ruines du palais de Sanſon, ou n'y ha que de groſſes & eſpoiſſes murailles,& quelques colomnes: toutefois il eſt facile à coniecturer
vn tel palais iadis auoir eſté ſomptueux , & magnifiquement conſtruit.

De Iudee : du fleuue Iourdain , & des villes qui ſont
circonuoiſines.   CHAP.   XLV.

E L A ville ſuſdite nous prinmes notre chemin pour venir à la ſainte cité de Ieruſalem,
ou nous fuſmes receuz fort humainement au
couuent du mont de Sion, iadis du tems des
Iuges appellé Melo. Mais auant que paſſer
plus outre , ici ay deliberé (Dieu aydant) vous declairer en
general,

general,& fuccintement la Iudee , puis les villes, ou i'ay efté.
Iudee donq eft vne region comprinfe foûz Affyrie , fituee
entre la Celofyrie , & l'Arabie Petree. Aucuns difent que
vers le midi la terre fainte ha les mons Sinai , & Oreb. Les
limites du coté de Septentrion , font les montaignes fur lefquelles Cain,ou bien les Geans ont bati,& edifié la cité d'E-
noch,appellee Enos : & là fut tué Abel le iufte par fon frere,
comme tiennent les habitás du païs. Du coté de l'Occident
eft la mer Mediterranee, & Egypciaque : deuers l'Orient le
fleuue Iourdain.Plufieurs aufsi diuifent la Iudee en deux parties, l'une deça le Iourdain, l'autre delà, dont elle eft appellee
Peree, d'un aduerbe Grec,Peran,qui fignifie,outre. La Iudee
(côme il appert par les Liures de la Bible,lefquelz Iofephe ha
enfuiui) eft appellee la terre de Canaá,mife iadis en la fuiec-
cion, & puiffance des Hebrieux & Ifraëlites, par la proueffe
& conduite de Iofué,leur capitaine,promife aux Patriarches
Abraham,Ifaac,& Iacob,leurs peres:abondante & fertile,en
plufieurs richeffes:pour lefquelles chofes exprimer on difoit,
que cefte terre rendoit, comme à fontaines & ruiffeaux, lait
& miel. Le Signeur par fa prouidence indicible ha voulu,
que notre pere Iacob eut douze enfans mafles,par lefquelz la
terre fainte feroit en douze parties , ou tribuz diuifee, comme on peult connoitre tant par les liures,que Cartes à ce de-
ftinees.Quant eft du fleuue Iourdain,il eft nauigable,& d'u-
ne finguliere plaifance. S.Ierome dit , qu'il procede de deux
fontaines,dont l'une s'appelle Ior,l'autre,Dan:Lefquelles coniointes tant d'eaues que de nom,font le Iordan. Pline appelle
cefte fource & origine,Paneas,du nom de laquelle la ville fituee entre les deux ruiffeaux eft ainfi appellee. Et Philippe
frere d'Herodes Tetrarque,en l'hôneur d'Augufte, la nomma Cefaree, & eut le furnom de Philippe, pource qu'Hero-

X 2   des

des en auoit fait vne autre en Iudee.Solin appelle la fontaine,
d'ou procede le Iourdain Peneade , nom vn petit different
de celui de Pline. Iosephe la nomme Paniam : La langue
Hebraïque dit tousiours Iorden.Ce fleuue,nõ pas fort loing
de sa source,fait vn Lac,appellé Samochonitis,autrement les
eaues de Moron,à six vints stades(qui font sept lieues,& demie) Il en fait vn autre plus grád,nommé la mer Tiberiade,
d'une ville dite du nom de Tiberius , Empereur des Rommains, combien qu'autrefois il s'appelloit le lac Tarichee, selon Iosephe en son troisieme Liure de la guerre Iudaïque.
La sainte escriture autrement l'appelle le lac de Genesar, Ge-
nesareth , ou de Galilee, situé en vn fort plaisant lieu, ayant
de longueur six lieues & vn quart, & deux & demie de large. Là ha esté quasi toute la conuersacion,& nauigacion du
Signeur : alentour il n'y ha rien sterile. On y trouue abon=
dance de palmes, noix, oliues, & force vignes : & n'est l'eaue
seulement plaisante à boire , mais aussi fresche en esté , & la
saueur des poissons dudit Lac , sus tous autres merueilleuse.
Au riuages y auoit plusieurs villes: mais la plus memorable,
& digne de recommandacion est Capernaum , belle petite
Cité à la partie Occidentale,là ou le Centenier Rommain à
raison du miracle fait par le Signeur, lui auoit ottroyé l'usage de sa maison. Peu au dessus pres de Tiberiade est le mõt,
ou Iesuchrist multiplia miraculeusemét les cinq pains, & les
deux poissons. Au dessus de Capernaum est Bethsaida, ville
situee au riuage dudit fleuue,en la partie du Nord, laquelle
Philippe orna de plusieurs & beaux edifices, & l'appella Iu-
lias, du nom de Iulia fille d'Auguste, en reconnoissance des
benefices receuz des Empereurs Rommains. C'est la ville,
d'ou estoient les trois Apotres du Signeur, Pierre, André,&
Philippe : Combien qu'elle ha esté tant ingrate , qu'elle n'a
voulu

voulu receuoir la parole, & doctrine du Maitre & Signeur
de tout le Monde. Aupres de Bethsaïda est Corrozain, fameuse des miracles faits par le Signeur : mais inobeissante à
lui. Parquoy il dit, que la condemnacion seroit plus tolera-
ble,ou moins horrible à Sodome,Gomorre,Tyre,& Zidon,
citez des Gentilz, qu'à elle. Le susdit fleuue Iourdain fait vn
Lac qui est de grandeur comme la troisieme partie de la
Mer morte de Sodome & Gomorre. Vray est que deuant
la destruccion de Sodome,& Gomorre,ce lac n'y estoit pas:
ains seulement quelque puis, comme recite Iosephe, en son
premier Liure des Antiquitez.

Des Sectes, qui estoient en Iudee.　　　C H A P.　　X L V I.

AV TEMS passé en Iudee y auoit trois sectes
de gens, ayans façon de viure toute diuerse à
la commune : L'une estoit des Esseens: l'autre
des Pharisiens: la tierce des Saduceens. Toutefois l'Euangile ne fait aucune mencion des
Esseens: mais seulement des Pharisiens,& Saduceens.Car les
Scribes viuoient comme les Pharisiens : dont bien souuent
sont conioins en l'Euangile.Mais Iosephe,Philon, S.Ierome,
Eusebe, Pline,Solin, & Porphire, ont parlé de ceste secte des
Esseens,laquelle ilz louent merueilleusement, & à bon droit:
Car ilz mettoient tous leurs biens en commun,comme nous
lisons des Pythagoriques, & de la primitiue Eglise. Outre,
chacun d'eux mettoit la main à quelque euure, ne craingnát
aucunement chaleur,ny froid,ny aucune mutacion d'air : &
ce,pour le proufit commun. Ilz ne receuoient aucun en leur
secte,qui ne fust aagé, ou bien homme fait. Plus ilz fuioient
fort la conuersacion du Peuple,iugeans telle compagnie estre
par trop nuisible à l'esprit, & à la contemplacion des choses

X 3　　　　diuines:

diuines : dont ilz portent le nom , combien que Philon dit
quïlz font appellez ainſi, à raiſon de leur ſainteté de vie. Ilz
ieuſnoient tous les iours : tellement quïlz auoient conuerti
ceſte coutume en nature. Ilz ſabſtenoient de vin, de chair, &
de cõpaignie de femmes: & pluſieurs d'entre eux prediſoient
les choſes à venir,& viuoient longuemét. Ilz prenoient leur
refeccion en grand ſilence , connoiſſans que de toute parole oiſiue,& ne portant aucun proufit, l'homme rendra conte au iour du Iugement. Quand ilz ſe trouuoient dix aſsis à
table, nul d'entre eux n'oſoit parler ſans le congé , & licence
des autres neuf, iugeans qu'il faut plus eſtre prudét, ou il y ha
plus de danger : Combien quïlz viuoient tant ſobrement,
que rien plus : mais on ne ſe peult trop tenir ſur ſes gardes.
Il n'eſtoit permis entre eux de iurer. Dauantage, ilz iugeoient
la Dialectique n'eſtre aucunement neceſſaire à la vie de
l'homme, pource que ce n'eſt pas ſcience qui concerne la
charité , & amour de Dieu : combien que ſi aucuns y eſtudient , ilz ne ſont à vituperer , moyennant quïlz n'y conſu-
ment tout leur tems , ainſi que nous liſons es ſaints Decrets
en la diſtinccion trentelettieme au chapitre , *Si quis artem*.
Ilz eſtudioient principalemét à la Filozofie moralle, voyans
que toute la louenge d'icelle conſiſte en bónes euures. Quát
à la Filozofie naturelle , ilz diſoient quelle ſurpaſſoit l'eſprit
humain. Toutefois ilz appliquoient leur entendement à la
partie , qui traitte des choſes diuines & des creatures. Finablement ilz viuoient enſemble, gardans trois regles, La premiere eſtoit l'amour de Dieu ſur toutes choſes: L'autre l'exercice des vertus auec labeur & induſtrie: La tierce vraye charité enuers ſon prochain. Les Phariſiens eſtoient d'une vie
fort auſtere, viuans en continence, virginité, ieuſnes, couchás
ſur pierres, ſus eſpines, ou bien ſur pláches fort eſtroites, pour
reprimer

reprimer les aguillons de la chair. S. Paul eſtimoit fort les
loix,& ordonnances des Phariſiens, quand il diſoit,que ſelõ
la loy,il eſtoit Phariſien.Ces ſuſdis Filozofes portoient grãd
honneur, & reueréce aux Anciens: tellement quilz n'euſſent
voulu les auoir ſeulement offenſez en la moindre parole du
monde,& n'eſtoient iamais contrediſans à l'opinion d'iceux,
ny de leur maitre. Ilz attribuoient toutes choſes aux deſti-
nees,& decrets de Dieu,auec l'ayde du liberal arbitre. Ilz at-
tendoient auſſi le iugement du Signeur à la fin du monde,à
raiſon dequoy ilz tenoient les ames des hommes eſtre in-
corruptibles,& immortelles:ce que pluſieurs auteurs Gentilz
ont approuué. Outreplus ilz portoient en leur front certains
cartelz de parchemin , dedens leſquelz les dix commandemens de la loy eſtoient eſcris. Ces ſignacles s'appelloient
Phylateres,qui vaut autant à dire, comme,garde la loy. Aucuns diſent quilz ſont appellez d'une diccion hebraïque
Phares,c'eſtadire,diuiſiõ, pource quilz eſtoient d'autre façon
de viure,que les gens communemét viuans.Mais puis apres
ceſte maniere de viure s'eſt chãgee,& ha eu ſa vieilleſſe,com
me les autres choſes. Les Saduceens,qui ſe diſoient iuſtes, ne
meritent d'eſtre ici alleguez : neantmoins i'en diray deux
mots. Ces heretiques nioient la deſtinee , & qu'il eſtoit en
l'arbitre,& puiſſance de l'homme ſeul,bien,ou mal faire. Ilz
iugeoient que l'ame de l'homme periſſoit auec le corps : &
ne croyoiét qu'il y eut aucune reſurrecciõ, ny ioye,ou tourment apres la mort : parquoy à bon droit Dieu les repre-
noit,comme errans. Ce ſont ceux deſquelz parle S.Paul aux
Rommains au premier chapitre,qui ont cõmué la verité de
Dieu en menſonges : parquoy Dieu les ha donnez en ſens
reprouué, c'eſtadire, qu'il ha permis qu'ilz ſoient tombez en
reprobaciõ d'entendement : combien que S.Paul adreſſoit

ſes

ſes paroles aux Gentilz Idolatres,toutefois ces paroles ſadreſ-
ſoient bien aux Saduceens , & aux Epicuriens , & à ceux là
qui ne croient l'immortalité de l'ame : ce que n'ont pas fait
pluſieurs des Paiens & Gentilz, comme Thales Mileſien, lequel ha eſté le premier auteur de Filozofie en la Grece : ny
Pythagoras auteur de Filozofie en Italie: ny Solõ auteur des
loix d'Athenes,ny pluſieurs autres anciens Filozofes. Notre
Signeur ha demontré pluſieurfois leurs erreurs,diſant: vous
ne connoiſſez pas les eſcritures, ny la vertu de Dieu. S.Au-
guſtin en l'epitre troiſieme à Voluſiã,il n'y ha(dit il)ſi poure
idiot,ne femmelette ſi abiecte,qui ne croye l'immortalité de
l'ame,& la reſurreccion future apres la mort corporelle. Car
Dieu ha creé l'homme inexterminable , c'eſtadire , incorru-
ptible & immortel quant à l'ame.

De la doctrine , & expoſicion des Hebrieux.

CHAP.   XLVII.

E NE veux oublier les Docteurs,& Expoſi-
teurs des Iuifs , deſquelz les vns ſappelloient
Talmutiques : les autres Filozofes, ſans aucune addicion:les tiers Cabaliſtes.L'expoſicion
Talmutique ha eſté inuétee, & faite des Hebrieux contre nous:& ha eu ſon commencement deux cenſ
ans,ou peu moins,apres notre Signeur. Ceux qui ſappelloíet
ſimplement Filozofes , declairoient par raiſons extraittes de
Filozofie , les miſteres & ſecretz de la Bible : Entre leſquelz
Moyſe Egypcien ha eſté le Prince. La Caballe eſt plus ancienne que les autres, & ſus toutes expoſicions veritable : laquelle ha eſté dõnee de Dieu à Moyſe, en la montaigne Sina,ou il receut deux Loix,l'une litterale,l'autre ſpirituelle. La
premiere par le vouloir & commandement du Signeur fut
eſcrite,

eſcrite , & baillee publiquement au Peuple : L'autre fut communiquee ſeulement aux Sages , qui la bailloient aux autres
à ce idoines & capables , d'ou elle prend ſont nom : car Caballe vaut autant à dire que recepcion. En ce nom principalement eſtoient comprinſes deux choſes , la reuolucion Alphabetique, & les vertus des choſes ſuperieures. Ainſi les fables des Poëtes , ficcions de grande doctrine , ſont expoſees
en trois manieres , côme les Grecs nous ont laiſſé par eſcrit.
Voila que i'ay voulu dire , auant que venir à la deſcripcion
de Ieruſalem, laquelle ie feray ſelon qu'elle eſt à preſent : Car
vous pourrez voir l'ancienne Topographie en Ioſephe, Cor-
neille Tacite, & autres bons auteurs.

De Ieruſalem , ſelon les quatre parties du Monde.
CHAP.   XLVIII.

IERVSALEM donques eſt ſituee au milieu
de Iudee, au tribu de Beniamin, chef de tout
le Monde, Princeſſe des Prouinces, poſſeſsion
des Patriarches, mere des Prophetes & Apotres, fontaine de la foy, gloire du peuple Chre
ſtien , terre de promiſsion. Ceſte cité pour le iourdhui eſt
renfermee de murailles , de forme preſque carree , ayant de
deux à trois mille pas de circuit, ou enuiron. Au commencement (comme dit S. Ierome) Adonizebeth l'a tenue, puis les
Iebuſeens , deſquelz ha eſté dite Iebus. Quelque tems apres
les Iebuſeens expulſez , Dauid la fit cité Metropolitaine de
Iudee. Ioſephe dit que Melchiſedech l'a fondee , & qu'elle ha
eſté appellee de Dauid, Ieruſalem. Quoy qu'il en ſoit , il eſt
certain, qu'elle ha eſté ſouuent prinſe , & ruinee, & qu'elle ne
fut iamais tant floriſſante , que quand le Signeur , prenant
chair humaine , apparut au monde. Du coté de l'Orient
                        y   tendant

tendant vers le midi eſt le téple, fondé par Salomon, à lequel
conſtruire & rendre en ſon entier, on demoura ſept ans. Or
fut il deſtruit par Nabuchodonozor quatre cens octante ans
apres l'iſſue d'Egypte: Puis ceux, auſquelz Cyrus auoit donné
congé de retourner en Ieruſalem, qui eſtoient en nombre
cinquante mille le reedifierent, & demourerent quarante ans
à le paracheuer, à cauſe des interrupcions qu'il falloit faire,
pour les ennemis, qui les venoiét aſſaillir & deſtourber. Depuis fut ce Temple deſtruit par Titus, & fut le iour meſme
qu'il auoit eſté ruiné par les Babyloniens, ſelon Ioſephe: mais
Herodes premier le reedifia. Et derechef fut razé par Adriá
Empereur Rommain : & pour la quatrieme fois Homar le
reſtaura. De la Dedicace du temple, & des autres feſtes des
Iuifs, ici faut noter qu'il eurent ſept feſtes, ſauoir eſt, vne chacune ſemaine le Sabbat: vne autre au commencemét de chacun mois, qui ſ'appelloit Neomenia. Paſques la quatorzieme
Lune d'Auril: Penthecote le cinquátieme iour apres paſques,
en memoire de la Loy qui leur auoit eſté baillee: La feſte des
trompettes, le premier iour de Septembre, en recordacion de
la deliurance du peuple d'Iſraël: La feſte de propiciacion, ou
affliccion, le dixieme de Septébre : La feſte des Scenopegies,
qui vaut autant à dire cóme feſte des tabernacles, le quinzieme de Septébre: Puis apres en meſme tems, ſuruint la feſte de
la Dedicace du Téple, qu'on appelle Encenia. Depuis au tems
de Heſter la feſte Furin, c'eſtadire, des fours. De la forme du
Temple ainſi qu'elle eſtoit au tems paſſé, tu pourras voir les
auteurs prealleguez. Auiourdhui ce Temple eſt tout ród, fait
à la Grecque, fort haut, & bien ample, edifié de pierres merueilleuſement bien polies, & couuert de plomb : deſſus ceſt
edifice eſt vne autre Egliſe couuerte pareillement de plomb,
ayát plus de mille Lampes. A la ſime de ce Temple y ha vn
croiſſant,

croiſſant , comme les Turqs ont accoutumé de mettre en
toutes leurs Moſquees. Leſdis Turqs, Maures, & Arabes y
entrent en grand honneur, & reuerence à piez nuds, & appellent ce temple,la ſainte Roche.Les Chreſtiens ny entrent
point,ne pareillement les Iuifs.Mais venons à l'autre coin du
monde. Du coté de l'Occident eſt le temple du Sepulcre du
Redempteur du Monde, en vn lieu qui eſtoit iadis hors de
la cité : mais il fut enclos dens Ieruſalem par l'Empereur
Adrian, qui la fit rebatir, & clorre de nouueau , & l'appella
Elia de ſon nom , & Capitolia du Capitole Rommain , en
l'honneur du Senat. En ce ſaint Sepulcre nous fuſmes bien
dix mille Chreſtiens renfermez l'eſpace de quatre iours , par
les Turqs & Maures,de tous leſquelz n'y auoit aucun ſuiet à
l'Egliſe Rommaine,que moy:car les vns eſtoient Georgiens,
qui ſont confins de la Perſe : les autres Grecs , Armeniens,
Syriens , Neſtoriens , Iacobites,gens qui ont touſiours eu
opinions fantaſtiques iuſques à maintenant,& ont eſté aueu
glez & enueloppez des tenebres d'erreur & ignorance,croyás
plus à l'opinion de leur Patriarche , qui eſtoit d'Alexandrie
en Egypte , faux ſeducteur , anathematizé du Patriarche de
Conſtantinoble qui alors eſtoit ſuiet à l'Egliſe Rommaine:
car à la reale opinion des Apotres & anciens docteurs, ceſte
Secte ici eſt eſtendue iuſques au pais d'Ethiopie,& des Indes
Orientales. Ilz font la communion ſouz deux eſpeces en la
maniere des Grecs , & Neſtoriens : & le premier inuenteur
de ceſt erreur ha eſté vn Abbé de Conſtantinoble nommé
Eutices:nonobſtant,ſon erreur fut aboli au Concile de Cal-
cidone, celebré ſouz le Pape Leon premier, de ce nom,ou y
auoit ſix cens & tréte Eueſques,l'an quatre cens quatre vints
& huit : qui eſt vn des quatre Cóciles que S.Gregoire reçoit
comme les quatre Euangiles. Ie ne veux plus auant eſlargir

y 2 ma

ma parole, comme celui qui ne prend plaiſir à telles conſti-
tucions & ceremonies : il y auoit auſsi des Indiens & des
Ethiopiens , & pluſieurs autres nacions eſtranges , leſquelz
faiſoient le ſeruice de Dieu , & office ſelon la coutume du
païs dont ilz eſtoient, & auoient chacũ leur lieu deputé audit S.Sepulcre, pour dire leur ſeruice, & faire leurs ceremonies differentes les vnes des autres, nõ ſeulement en langage,
mais auſsi en façõ de faire, & en geſtes. Mais auant qu'y entrer faut bailler le tribut au grand Turq , qui eſt la ſomme
de dix ducaz:& pour ceſte raiſon le S.Sepulcre eſt gardé des
Turqs , non pas par deuocion. Là ou eſt le S.Sepulcre y ha
vne grand' Egliſe , faite en voute , comme vous pourriez
dire celle de S.Pierre d'Angouleſme,& quaſi de la grãdeur,
edifiee de pierres de marbre, porphyre, ſerpentine , & auec
ouurages Moſaiques,de grãde richeſſe,& magnificence,fon-
dec par ſainte Heleine mere de Cõſtantin Empereur. Là eſt
le mont de Caluaire,duquel ledit ſepulcre de notre Sauueur
eſt loing ſeulemét d'un iet de pierre : & y ha vne petite cha-
pelle auec vn autel , le tout bien & richement orné de lampes en grand nombre.Du coté de Septentrion,eſt le Pretoi-
re,& ſiege de Iugement , dit en Hebrieu Gabatha , en Grec
Lichoſtratos,ou Ponce Pilate demeuroit, & ou ſeant en ſon
tribunal, il condemna notre Sauueur à la mort de la croix.
Depuis lequel lieu , notre bon Signeur & maitre , porta la
croix iuſques au mont de Caluaire (qui ſont diſtans de l'un
à l'autre de ſept ou huit cens pas)ou il fut crucifié,entre deux
larrons , & demoura en croix pour noz pechez depuis ſix
heures iuſques à neuf. Toutefois il faut conſiderer , que les
iours ſont diuerſement obſeruez ſelon les païs , & nacions
differentes. Car les Iuifs ne prenoient pas les heures,comme
nous, ny cõme les Rommains, ains à la coutume des Babiloniens

Ioniens, qui commencent leur iour au soleil leuant, tellemét
qu'au point du iour , & lors que le Soleil se leuoit ilz con-
toient vne heure,à midi,six:de façon que les neuf heures faisoient l'heure de vespres.Ce que l'histoire des Euágiles nous
tesmoigne, & conferme. Ainsi le Signeur & vray Roy des
Iuifs fut crucifié à midi,le vintcinquieme de mars,en l'equinoxe vernal,& à ceste heure là commença le Soleil à perdre
sa lumiere,& les tenebres furét sus toute la terre iusquà neuf
heures , c'estadire enuiron vespres. Ce qu'auoient profetisé
Ieremie & Amos, ainsi qu'expose S.Ierome. Ces tenebres
comme miraculeuses esbahirent grandement ceux qui les
voyoient, pource qu'elles durerent trois heures , & vindrent
en vn tems non accoutumé,sauoir est, le Soleil estant encores au milieu & plus haut point de leur Horizon : auec ce
que (comme recite S.Ierome) Pasques estoit au tems, que la
Lune estoit pleine, & l'eclipse du Soleil ne se fait que quand
la Lune vient à apparoitre:parquoy si le Soleil eust perdu sa
clarté à vespres,ou enuiron, (comme aucuns disent) l'eclipse
n'eut esté tant miraculeuse,veu que en l'equinoxe à neuf heures le Soleil est fort bas en la Iudee : ce que de la largeur du
Parallele se peult facilement connoitre. Quant à l'autre partie du Móde, du coté du midi est le Cenacle ou fut institué
le saint Sacrement de l'autel pour notre salut , & enuoyé le
saint Esprit aux Apotres,pour nous prescher la Foy Catholique. Au milieu de la ville de Ierusalem se trouuent grandes & singulieres ruines , & antiquitez. Alentour de la ville
y ha de grans fossez & profons , & principalement deuers
le midi,alentour du mont de Sion : en sorte qu'il n'y ha lieu
par ou Ierusalem soit prenable sinon du coté de la Bise, par
ou les Rommains la prindrent. Et le Turq de crainte qu'il
ha des Chrestiens , qu'ilz ne recouurent la terre sainte , ha

y 3   cond

condemné la porte Orientale, autrement dite, dorée, par où
lon entroit au Temple, & à l'Eglise de la presentacion, côme
si les Chrestiens pouuoient prendre la ville par là. Pendant
que iestois en Ierusalem, vint le Bacha de Damas en ladité
ville faire sa visite, & trouuer quelque chose à mordre, & à
rençonner sus les poures pelerins Chrestiens, chose qui
leur est de tous tems coutumiére. Car quiconque est Bacha
de Damas, celui ha le gouuerneinent & toute superintendence sus la Iudee, & sus plusieurs autres païs adiacens &
circonuoisins. Faisant donq son office ledit Signeur, vint en
Ierusalé, puis, au bout de trois iours, vint en la montaigne de
Siô en vn petit conuent de S. François, ou les freres sont fort
molestez & opprimez des Barbares, côbien quilz ont mille
bons Ducas de l'Empereur, tous les ans, qui n'est rien, toutefois, consideré le lieu: car les Turqs en mangent la moitié.
Que fit ce Bacha, homme caut & rusé, il inuenta mille mes-
chancetez contre les Latins, Grecs, Syriens, Indiens, & Georgiens, pour auoir argent: & de fait, en tira de grans deniers.
Ses Iannissaires, qui estoient en nombre de deux cens, quasi
tous esclaues, estoient ordinairement au conuent, faisans dix
mille insolences, empongnans les freres à la barbe (laquellé
ilz portent fort longue, & sont tous communement Italiens,
Hongres, Esclauôns, Neapolitains, & Calabriens) tous lesquelz opprobres & rudesses, il est force d'endurer: car il n'est
question en sorte qui soit, de faire la moindre resistence du
monde à vn Turq sus leurs terres & païs. Ledit Bacha ayant
fait ses affaires, fut au Temple de Salomon, & en toutes les
Mosquees faire son oraison, lesquelles ayant en grand' reuerence visitees, vint au saint Sepulcre de Iesuchrist, ou, lui estre
preparé vn beau & riche Tapis, à la coutume des Turqs,
pour faire son oraison deuant ledit saint Sepulcre, là fit sa

deuocion

deuocion l'espace d'une bonne heure, souspirant & lamen-
tant grandement : Si c'est pour religion ou deuocion dissi-
mulee, ie n'en say que iuger : tant y ha, que certes ie lui vis
faire toutes ces contenances.

Du Natatoire de Siloé, du Torrent, du mont Oliuet,
Mausolæum, Bethphage, Emaüs, Bethanie, & de la
sepulture d'Absalon. CHAP. XLIX.

SORTANS de Ierusalem nous allames voir
plusieurs lieux circonuoisins, comme le Natatoire de Siloé, le Torrent, le mont Oliuet,
Mausolæum, Bethphage, Emaüs, Bethanie, &
la sepulture d'Absalon, filz de Dauid. Entre
l'Orient & le Midi, est le Natatoire de Siloé, autrement appellé Seon : d'ou les eaues coulent en la valee de Iosaphath,
dedens le Canal du Torrent de Cedron : là fut enuoyé l'a-
ueugle né. Le lieu est moins que d'un quart de lieue loing du
mont de Sion, ou estoit la Royalle maiesté de Dauid : & deuant ce lieu est la fontaine de Bethsabee, qui est vn natatoire
sans source, fait d'eaue de pluie. Le mont Oliuet est à vn mille
de Ierusalem du coté de l'Orient, ou estoit iadis vne Eglise
de l'Ascencion. C'est la montaigne d'ou notre Signeur commença aller au tourmét de la croix, & de laquelle il est monté en repos, & gloire : tellement qu'encores du tems de S. Ierome (comme lui mesmes tesmoigne) se voyoient les signes
de l'Ascencion du Signeur. Là auptes passe le Torrent de
Cedron, ainsi nommé de l'abõdance des Cedres, qui y sont.
De là n'est pas fort loing le Sepulcre de la Vierge Marie, mere de Dieu, que l'on appelle auiourdhui Mausolæum. Beth-
phagé estoit vn petit village, ou demouroient les Prestres, &
estoit entre le mont Oliuet, & Bethanie, à present est tout

destruit

deſtruit.Là fut menee laneſſe à notre Signeur pour faire ſon
entree en Ieruſalem. Emaüs eſtoit vne ville loing de Ieruſalem quatre lieues,laquelle les Rommains en ſigne de victoire ont depuis appellee Nicopole, ou fut connu le Signeur
par deux de ſes diſciples, en la fraccion du pain, apres ſa reſurreccion. Bethanie eſtoit vn lieu loing de Ieruſalem deux
mille, prochain du mont Oliuet, fameux tant du recueil de
Simon le Lepreux, que de la ſainte famille Marie Marthe,
Magdaleine,& le Lazare;leſquelz furent expoſez en la Mer,
ſans timons, ne voiles, & diuinement conduis en la Gaule,
pour y fonder la vraye Bethanie,c'eſtadire,la maiſon de poureté, douleur, & meſpris : ce qui eſt en ce Monde propoſé,
aux vrais Fideles,& Chreſtiés. Bethanie eſt pour le iourdhui

deſtruite

deſtruite par les Turqs. Aupres de Ieruſalem ſe trouuent
pluſieurs ſepultures, comme celle de la Vierge Marie, de laquelle par ci deuát ay parlé, qui eſt en la valee de Ioſaphath,
pres du iardin d'Oliuet, ou fut lapidé ſaint Eſtienne. Là pareillement ſont pluſieurs autres ſepultures des Patriarches, &
Prophetes. Encores eſt en ſon entier la ſepulture d'Abſalon,
qui eſt faite en forme & maniere de Pyramide, en laquelle
y ha vne feneſtre, ou les Turqs, Maures, & Arabes iettent des
pierres en paſſant, par haine & indignacion quïlz ont côtre
lui, pource quïl fit la guerre contre celui, auquel de tout droit
il deuoit paix, honneur, & reuerence.

De Bethleem, & Ierico.   CHAP.   L.

I C I conuiét en peu de paroles deſcrire Bethleem, & Ierico. Bethleem parauant appellee
Euphrata aux Saintes eſcritures, eſt loing de *Geneſe 35.*
Ieruſalem trois lieues, du coté du midi, aſsiſe
au Tribu de Iuda. Là voulut naitre le Si-
gneur, & eſtre adoré des Sages Orientaux. Ioſephe dit quelle
ha eſté fondee de Roboam filz de Salomon : Ce quëſt dif- *2. Para. 11.*
ficile à croire attendu quelle ha eſté edifiee long tems deuát
Roboam. Ie croy bien, & ſe peult faire, que ledit Roboam
lait reedifiee. Sainte Helene mere de Conſtantin Empereur,
là, fonda vne egliſe magnifique & excellente, comme celle
du S. Sepulcre : mais tout va en ruïne. Ie prie le Createur, quïl
veuille animer les princes Chreſtiens à conqueſter derechef,
& recouurer la terre ſainte, ou ont eſté faits les miſteres de
notre Redempcion. Certes la France iadis en ceſt endroit
(côme en tous autres) ha touſiours eſté renómee ſus tous autres Royaumes Chreſtiés. Et de vray, ſans métir, elle ha eu des
Rois & Princes, qui ſe ſont heroïquement euertuez de con-
z   queſter

quester & reduire au Christianisme ces nacions infideles.
Entre lesquelz s'est magnanimement porté le Roy Loys set-
Louenge des
François.
tieme, pere de S. Loys, qui auec grosse & puissante armée
sceut fort bien iceux aterminer, ensemble les Heretiques Al-
bigeois. Semblablement son filz, qui long tems guerroya
iceux Sarrazins & mescreans. Regardez aussi les annales, &
histoires qui tant amplement nous mettent deuant les yeux
les hauts faits de ce magnanime Empereur de Constantinoble Charles le grand, lors mesmement que d'un grand &
inuincible courage il recouura ces lieux saints, tousiours suiui & accompagné de ceste belliqueuse Noblesse de France.
Vray est que les affaires de la Chrestienté ont depuis pris
assez mauuais pli, les ennemis de notre religion ayant sceu
tresbien choisir l'opportunité d'inuader Empires & Royaumes Chrestiens, lors qu'ilz ont veu la Chrestienté armee &
l'espee au poing, tascher volontairemét de se ruiner elle mesme, vn chacun des siens s'affeccionnant obstinément à son
particulier. Mais le Dieu des armees, le Dieu végeur de l'iniquité, le Dieu qui chatie en son tems les ennemis contem-
teurs & oppresseurs de son Eglise, leur saura bien vn iour
(qui ne tardera) rendre au centuple: ce que mesme nous
esperons estre reserué à notre tems, comme matiere propre
& vray moyen à rendre ceste deuise Royalle parfaite, d'un
croissant, en vn rond accópli. Or pour ne me trop eslongner
de mon suiet ie supercederay à la narracion de ces lieux rui-
nez, & changez en vsage profane, mesmes dissipez non seulement des Arriens, Nestoriens, Sabelliens, Pelagiés & beaucoup d'autres Heresiarques, qui ont taché par leurs mauuai-
ses sectes mettre en friche la vigne du Signeur: mais aussi de
ce cruel ouurier d'iniquité Machomet, qui par sa doctrine
diabolique ha subuerti plusieurs Empires, Royaumes, Isles
& terr

& terres maritimes , comme la florissante Constantinoble,
Trapezonde, Macedone, Thessalie, Achaïe, Etholie, Grece,
Nigrepont, & la plus à regreter de tous, celle sainte Cité de
Ierusalem : & reuiendray à notre Bethleem , qui n'est a present qu'vn petit village : aupres duquel S.Ierome ia vieil ha-
bita en vn monastere , auec peu de ses amis, mesprisant les
meurs de son tems,& l'orgueil d'aucús Euesques. Là trespas-
sa le saint homme , ayant nonante vn an , souz l'Empire de
Theodose , l'an apres la Natiuité notre Signeur, quatre cens
vintdeux. Au regard de Ierico,c'est vn lieu assez connu pres
le fleuue Iourdain, & la Mer morte : Là fut conuerti & fait
grand le petit Zachee,de la maison duquel les ruïnes se voiét
encores. Ceste ville ha esté fort riche,& abondante en baume : mais plus oppulente de l'odeur de la parole diuine. He-
lisee purgea la fontaine de Ierico , qui estoit parauant pesti-
lente, comme il appert par le quatrieme Liuré des Rois, au
second chapitre.

De Samarie,Sichem,Mont Carmel,Damasque,& Alep.
CHAP. LI.

LES CHOSES susdites vuës, nous partimes
derechef de la sainte Cité, le quinzieme iour
apres Pasques,mil cinq cens cinquante deux,
& vinmes auec grande compagnie , prenant
notre chemin tout droit en Galilee , qui est
vn beau,& plaisant païs: puis nous passames en Samarie,vne
iournee loing de Ierusalem , qui ha esté iadis ville de merueilleuse beauté,& richesse : mais pour le iourdhui est deserte. Ceste cité fut premierement fondée en vne montaigne,
laquelle Amri Roy d'Israel acheta de Somer , signeur &
proprietaire du lieu : & du nom du maitre l'appella Somer,

comme nous lifons au troifieme Liure des Rois, feizieme chapitre:Et ainfi l'appelle Efaie, qui prophetifa fouz Achab, qui ia eftoit du tems dudit Prophete fort renommee : mais Hircanus la deftruifit: dont Herodes print occafion de la reedifier: & pour eftre plus en la grace d'Augufte,en faueur de lui l'appella Sebafte: en ce lieu là prefcha S.Philippe,comme il eft recité au huitieme chapitre des Actes des Apotres. Là aupres eft Sichem, qui ha efté appellee depuis Neapolis,maintenant Napoloza: en laquelle,pourautant que Iacob y auoit planté fes pauillons, venant de Mefopotamie, le tribu d'Efraim voulut qu'il y euft vn fondement d'Eglife, & lieu d'adorer , comme en la cité de Ierufalem. Et c'eft pourquoy la Samaritaine tint propos auec notre Signeur d'adorer là , ou en Ierufalem. A deux traits d'arc de la cité , eft le champ ou Iacob fit vn puys : & là il s'arrefta , quand Dina lui fut par les Sichemites rauie,& violee.Pourfuiuás toufiours notre voyage nous laiffames Tyre & Sidon , affez loing de notre chemin , & paffames pres des monts Carmeli : ie dis notamment des monts, car S.Ierome en met deux, qui font fertiles en fruits & paturages.L'un delà Galilee deuers le midi,ou le mari d'Abigail,nommé Nabal,gardoit les moutós: L'autre prochain de la mer Mediterranee , & pres de Ptolemais, ou Helie le Prophete demanda au Signeur la pluie, & par feruente oraifon l'impetra,comme dit S.Iaques en fa Canonique. De là nous vinmes à Damafque ville de Syrie,qui eft loing de Ierufalé fix iournees:d'ou lon apporte les prunes dites de damas. Ou arriuez que nous fumes,nous logeames chez vn Turq,hóme doux,affable,& debónaire.Et pour vous dire la verité, vn Turq naturel ne molefte pas volontiers vn Chreftien , ains pluftot lui fera careffe & bon recueil. Mais certes les Chreftiens reniez font peruers & dangereux.Ledit

Turq

Turq auoit trois femmes dont l'une eſtoit Chreſtienne , de
l'Iſle de Malte, (& en cela ne font aucune difficulté) les autres deux eſtoient Turques. La Chreſtienne faiſoit ſes prieres & oraiſons à la mode Latine : lui,& ſes autres deux femmes , à la Turqueſque. Et ne ſe faut eſtonner ſi ie dis qu'il
auoit trois femmes, car leur loy leur permet d'en eſpouſer
iuſques à quatre : toutefois la femme ne leur apporte aucun
dot, ains au contraire ilz donnent argét au pere & à la mere pour habiller leur fille & faire autres miſes & fraiz. Auſi
ont ilz liberté de ſe ſeparer & laiſſer l'un l'autre , le mari la femme,& la femme le mari,s'ilz ne ſe trouuent bien enſemble : & ſe remarient ailleurs.Les femmes ne ſortent gueres de la maiſon, ſi elles ne vont aux beins vne fois ou deux
la ſemaine.En verité, & ſans en rien mentir,à ce que ïen ay
veu & connu, leſdis Turqs ont notre Signeur Ieſuchriſt en
treſgrande reuerence , & tiennent qu'il eſt né de la Vierge
Marie,laquelle ilz appellét *Meriem ana:*& que Dieu l'a preferee & purifiee ſus toutes creatures : auſsi que Ieſuchriſt eſt
la parole de Dieu , qui ha eſté conceu en la Vierge Marie
par le S.Eſprit,& le nomment,*Iſſa Berember,*c'eſtadire Ieſus
le Prophete, *Abrahin Berember,*Abraham Prophete.*Dauid
Berember , Soliman Berember.* Dauid Prophete , Salomon
Prophete , & ainſi des autres. Si aucun entréux l'auoit blaſphemé,fut Chreſtien, Iuif, Turq, ou Maure,ou Arabe, certes il ſeroit puni tout ainſi que s'il auoit blaſphemé Machomet leur Prophete , à ſauoir de quatre vints coups de baton
ſus le ventre,ou ſouz la plante des piez, ou ſus les rains, auec
certaine amende pecuniaire,ainſi comme ilz en ont la coutume & vſance. Que pluſt à Dieu que le ſemblable fut bien
obſerué & maintenu entre nous,ſans attendre que telz infideles nous fiſſent honte & vergongne en ſi iuſte & ſi ſainte

obſeruacion, laquelle nous auons en ſi grande negligence &
meſpris. Mais pour venir au bon lieu & fertile terroir de ladite ville de Damaſque, il n'eſt certes poſsible de voir vn
plus beau ny meilleur païs. Là y ha de iardins qui ne ſont
faits (ce ſemble) que pour regarder. Là ſe font bonnes aguil-
les, eſpees Turques, & vaiſſeaux d'Alebaſtre, qui ſont fort
commodes pour côtregarder les onguens: leſquelz ſont faits
d'une certaine pierre que lon chaue dens terre à deux lieues
de Damaſque. Ceſte ville ha eſté rebelle pluſieurfois au Signeur, à raiſon dequoy les Prophetes lui ont predit ſa ruïne.
Du tems de S. Ierome elle eſtoit Metropolitaine des Sarrazins. Auiourdhui y ha vn Bacha du grand Turq. De Damaſque nous prinmes notre chemin tout droit à Alep, qui
eſt vne grande cité, ou pluſieurs marchands traffiquent, tant
Indiens, Perſiens, Veniciens, qu'autres nacions, ainſi nommee
de la premiere lettre alphabetique des Hebrieux, pource
qu'elle eſt la premiere ville de Syrie. Nous y fumes treſmal
receuz & mal traitez des Turqs : de ſorte que fumes contrains de nous plaindre au Chadis, qui eſt le Iuge du lieu, lequel rigoureuſement aminiſtra iuſtice contre aucuns Ianniſſaires, meſchans garnimens, qui nous auoient fait de
grandes inhumanitez. Là y ha grande abondance de noix
de Galle, de Rubarbe, & de Coton. Et là ſe trouue le Moſe,
qui eſt vn arbre qui porte ſon fruit ſemblable au concom-
bre: les Grecs & Chreſtiens du païs, les Iuifs auſſi, diſent que
c'eſt le fruit duquel mágea Adam: il eſt treſſauoreux à manger ſus tous les fruis qui ſont au païs de Leuant : les fueilles
ſont ſi treſgrandes & ſi larges que lon pourroit facilement
enuelopper vn enfant d'un an dedens: & ne penſe point que
au monde il y ait arbre qui ait la fueille d'une telle largeur.
Ie vis auſſi en ladite ville de Damaſque pluſieurs Turqs, qui
meinent

meinent vne vie merueilleufement auftere, & qui plus femble brutalle qu'humaine : lefquelz ilz appellent, *Deruiflar.*
Car les vns eftoient tous nuz fans rien cacher leurs parties
honteufes,& vont ainfi ordinairement tãt d'yuer que d'efté,
par villes & par bourgades, chofe monftrueufe à voir : Et
quand ilz vont par les rues on n'oferoit aucunement, voire
fus peine de la hart,fe rire ny moquer d'eux.Les Turqs,Mau
res,& Arabes leur portent plus de reuerence qu'aux officiers
du grand Signeur,les tenans pour faintes gens: & afferment
que tout ce qu'ilz demandent à Dieu , leur eft concedé &
ottroyé. Il y en auoit d'autres qui eftoient nuz depuis la tefte iufque fus les reins,portans les cheueux longs iufques à la
ceinture, lefquelz ilz trenent , puis les collent auec certaine
gomme. Ilz ont des troux aux oreilles ou facilemét lon paf-
feroit le poulfe , ou font attachez anneaux de cuiure ou de
plomb , de telle efpoiffeur qu'vn d'iceux peult pefer enuiron
dix ou douze teftons. Ilz portent à leur col groffes cheines
de fer ou de cuiure luifant & bien poli , qui leur pend iufques au deffouz de l'eftomac. Tel y aura qui portera cheine
ceinte à trauers du corps pefante de vintcinq ou trête liures.
Ilz ont le corps tout defcoppé & cicatrifé à coups de rafoirs,non point qu'ilz feignent,mais feulement apparoiffent
les grandes cicatrices blanches & fans poil,lefquelles ilz font
en leurs corps , les vnes auec de rafoirs , les autres auec
fers qu'ilz s'appliquent auec certaines drogues , qui ainfi les
cauterifent & brulent. Ilz n'ont ne maifons ne poffeffions
aucunes , ains viuent des aumones : & en ay veu qui refu-
foient argent & autres chofes precieufes qu'on leur prefen-
toit. A cela pouuez vous voir & connoitre , amis Lecteurs,
comme le Diable bien fe fcet transformer & deguifer en
Ange de lumiere, qui ainfi fouz pretexte de fainteté,& fouz
couleur

couleur d'une hippocritique sanctimonie, detient ces poures
aueuglez en vne espece de religion tant execrable & per-
nicieuse.

D'Antioche.   CHAP.   LII.

E LA nous vinmes à Antioche auec plu-
sieurs Grecs. Ceste ville annoblit toute la Sy-
rie, comme recite Ammian Marcellin, en son
quatorzieme Liure, parlant de la Syrie. Elle
ha esté fondee par le premier Roy des Assyriens nommé Seleucus Nicanor: puis amplifiee, & aggrandie
par son filz Antiochus Soter, duquel tous les autres ont esté
appellez Antioques, comme Pharaons en Egypte, & Cesars
à Romme. Antioche ha esté fort puissante du regne de Semiramis, de la vertu & prouesse de laquelle s'esbahissoit merueilleusement Alexandre le grand.   Au regard des noms,
Antioche ha esté dite Reblata, Epidaphne, à cause d'un fau-
bourg plaisant & delectable qui s'appelloit Daphne. Dens la
ville passe vn fleuue appellé Orontes, sur lequel, au milieu de
la ville, y ha vn pont fort ample & magnifique, qui estoit la
stacion de toutes Barques & Fustes marchandes, venans aux
païs d'Antioche : Auiourdhui on n'y voit plus rien, sinon
quelque peu de vieilles ruïnes. Entre toutes les fleurs, il y en
croit vne de grãd' recõmandacion, qui s'appelle Lis rouge, &
de nom Grec, Crinon, d'un verbe qui signifie eslire, & choisir, comme la fleur laquelle entre toutes autres nous deuons
prendre & aymer. Ainsi les François doiuent sus toutes autres nacions porter amour, & affeccion singuliere à leur
Prince: puis que Dieu tout puissãt ha choisi, sur toutes fleurs
le Lis, cõme appert au Liure d'Esdras. Mais à la verité Antioche est sans comparaison plus fameuse, & plus renommee

                         A   d'auoir

d'auoir produit tât de belles fleurs, c'eſtadire, tant de Martirs,
Confeſſeurs, & principalement S. Luc, Medecin treſrenom-
mé, Euaugeliſte, Diſciple, & compaignon de S. Paul: & Igna-
ce Eueſque, homme d'un cœur Apoſtolique, qui ne douta
endurer tourment pour eſtre entretenu en l'amour de Dieu.
Là ha eſté le premier ſiege Epiſcopal de S. Pierre, & planté
premierement ce nom de Chreſtien, du Chriſt: car le nom
de Ieſuite ne ſe peult bien accommoder à la Creature, comme tresbien le conferme l'Archidiacre ſus les ſaints Decrets.
Là fut appellé S. Paul, & Barnabé, deſquelz la ville ſe doit
eſtimer bienheureuſe, pource qu'ilz y ont planté le Lis rouge, c'eſtadire, la foy, arrouſee non du ſang de Venus (comme
feingnent les Poëtes de la Roſe rouge) ains du vray, & precieux ſang du Roy des Iuifs, & Signeur de tout le Monde.
Ie diray encores ce mot, que les guerres, ny le feu n'ont point
porté tant de dommage à la ville & cité d'Antioche, comme les tremblemens de terre: qui eſt choſe digne d'amiracion, veu qu'elle eſt loing de notre Mer bien ſept lieues &
demie Françoiſes. Apres que Iuſtinian l'eut reſtauree, & miſe
en meilleur eſtat qu'elle n'eſtoit parauant, l'appella Theopolis
d'un nom plus grand, & par trop plus heureux. Toutefois
encores auiourdhui le nom d'Antioche demeure, ou il y ha
pluſieurs ruïnes, & grandes antiquitez. Là ſe tiennent auiourdhui pluſieurs, qui ſe nomment Chreſtiens, comme
Grecs, & Armeniens: mais ilz ne s'accordent point les vns
auec les autres. Au regard des Armeniens ilz obſeruent &
ieuſnent le Careſme au meſme tems que nous faiſons, mais
d'une plus grand' deuocion. Car tout ce tems de ieuſnes, ilz
ne boiuent point de vin, & ne mangent lait, beurres, fro-
mages, eufs, huiles, ne poiſſons: mais ſeulement quelques
fruits, & legums qu'ilz ont. Ilz ſont fort deuots en leurs ſer-
uices,

uices , & oraisons , portans grand honneur & reuerence aux Sacremens , que nous auons : estans habillez simplement, sans aucun orgueil, cheminans en grande maturité de vie:ce que ne font ceux qui ne se contentent d'estre vétuz somptueusement, & d'habis precieux : mais qui pis est , les descoppent. Armenie est en la Scythie principale, de là ou Herode dit que les Scythes passent le fleuue Araxes , lequel sort d'une fontaine appellee Dorix par les Armeniens , qui vaut autant à dire que impetueuse: en sorte que le Roy Alexandre pour passer ceste riuiere fit faire vn pont: mais l'eaue par sa violence abbatit ledit pont,& par ainsi ne peut passer: Il sensuit donques que les Scythes passerent se fleuue , pour aller en Cimerie,dite depuis Scythie. Ce nom ici de Scythie fut iadis glorieux , honorable , & en grand estime en tout l'Orient : par ce appert que les Caldeens & Armeniens se sont depuis confessez estre de l'origine Scythique. Pomponius Mela,Iosephe,& Herodote,disent que l'Armenie estoit nommee la prouince Sage sacree,pour l'abondance des biens qui s'y trouuent,tant en l'Armenie haute,qu'en la basse:& ne sont encor' de present moindres qu'elles estoient le tems passé, quant aux biens de la terre. Entre toutes les choses celebres & merueilleuses de celle contree, est vn grand & spacieux abyme (qui n'est autre qu'vne infinie congregacion d'eaues,de laquelle ne se peult trouuer le fond)lequel i'ay veu à deux lieues pres de la ville d'Antioche,à la main gauche venant de Damasque : ou se voit vn chateau demoli & ruiné. Les habitans du païs estiment que c'estoit celui que l'Empereur Theodose fit faire , ayant esté fort offensé par les Antiochiens,lesquelz par sedicion populaire auoient deiettee & trainnee par toute la ville,la belle statue d'airain de sa femme, nommee Placilla , recentement defuncte : si que pour vn tel

A 2   acte

acte ignominieux furent entierement priuez de leurs fran-
chises & priuileges,& leur ville en voye d'estre rasee. Au pié
de cestui chateau demoli est le susdit abyme, d'une profon-
deur infinie,& ha de largeur neuf cens pas:l'eaue en est assez
clere, & fort bonne à boire : il est fort frequenté de trois
especes d'oiseaux nommez Lagopus , Magnalis , & Ocine.
Lagopus ha les piez patus & tous couuerts d'un poil ressem-
blant totalement à celui d'un Lieure , dont il ha prins son
nom, au reste il est tout blanc, & de la grandeur d'une Co-
lombe , du tout contraire en naturel au Plongeon , pourautant qu'il chante & se resiouit pressentant la tempeste à venir, & le Plongeon la hait & la fuit. Magnalis est grand &
gros, haut sus iambes, & ha le bec & les piez longs à merueilles,lequel fait vn grand degast de poissons. Ocine est de
la grandeur d'une Grue ayant le gozier pendant sus la poitrine en forme d'un long & large bissac,ou il met non petite
quantité de poissons. En icelui se trouuent diuers poissons
& tresbons à manger , qui le rendent grandement celebre.
Mais certes quoy qu'il soit merueilleux & que sus le lieu ilz
en facent vn grand cas , si n'est il rien au regard de celui
d'Angoulesme,appellé la Touure, enuironné d'un territoire
le plus beau & le plus amene qui soit au demourat du monde,& qui pour la grande serenité d'air qui y est fut iadis ha-
bité de grans Signeurs de France:ainsi qu'on peult voir &
coiecturer aux vieilles ruines des belles maisons & puissans
Chateaux qui iadis y furent en regne. D'icelui abyme prouient en partie la Charante , riuiere belle & qui porte auec
elle de grandes commoditez , laquelle par ses inondacions
arrose & engresse plusieurfois de l'an (comme vn second
Nil) le païs d'Angoulesme, de Congnac,de Xantonge,tirát
à la Mer de la Rochelle. Et comme de deux fontaines du

mont

mont Liban, saſſemblans en vn, prouient le Iourdain : auſsi
la Charante ha ſon commencement & ſource de deux fontaines, l'une nommee Charannat, & l'autre l'amirable abyme
Touure : leſquelles rangees & aſſociees en vn, donnent eſtre,
& nom à la belle Charante, certes vn peu plus groſſe, & pro-
duiſans de meilleurs poiſſons que le Iourdain. Or eſt ceſt
abyme, comme vous auons dit, prochain d'Angouleſme
& voiſin de l'eſpouuétable foreſt Braconne, ie dy eſpouuentable non tant pour les difformes, eſtranges, & cruelles beſtes qui ſont en elle, que pour certains Anthropithiriens ino-
philes de Rophi, qui là habitent, gés certes ennemis de toutes ſciences, de toutes vertus, & de ceux qui les aiment, n'eſtu-
dians ny s'accommodans qu'à leur ventre, de ſorte qu'il ſemble qu'ilz ſe ſoient entierement bandez contre toute bonne
doctrine & honneſteté, pour mieux ſe conſacrer & dedier à
vne vray vie bacchanale. Mais pour n'embrouiller notre liure de telles ordures, & de telz ventres pareſſeux, ſaches ami
Lecteur, que l'abyme ſuſdit eſt vn vray repaire & retraite
d'un nombre de Cignes quaſi infini, qu'eſt bien l'oiſeau le
plus noble, le plus amiable & plus familier de tous autres
oiſeaux de riuieres. Il eſt vray qu'il eſt ireux, &, ſi faut dire,
colere, quand il eſt irrité, & qu'il connoit qu'on lui veult
faire greuance. Ce qu'a eſté veu de la maiſon de Monſieur
de Hauteclere maitre des requeſtes du Roy, ordinaire (laquelle eſt ioingnante à la ſuſdite Touure) deux Cignes
ſeſtans attaquez l'un à l'autre en telle furie, qu'ilz combatti-
rent iuſques à l'extremité de la vie. Quoy voyans quatre autres de leurs compagnons, ſoudain y accoururent & comme
ſi ce fuſſent perſonnes, tacherent à les ſeparer : & les reduire
en concorde & mutuelle amour, choſe, en bonne foy meri-
tant mieux le nom de prodige, que nom qu'on lui ſceuſt

A 3   donner.

donner. Mais si on leur demontre pareille douceur qu'est la
leur naturelle , & qu'on les amadoue & applaudisse vn peu,
lors ilz se montrent doux & paisibles , & prennent plaisir à
voir la face de l'homme. Or pour issir du lieu de notre naissance, lequel il semble que bonnement ie ne puis laisser pour
retourner aux nacions Barbares, incontinent que nous eusmes veu , & bien visité à loisir le païs d'Antioche , il fut
question de prendre notre chemin (fascheux certes & tres
mauuais)droit à Tripoli de Syrie, qui est au pié de la montaigne du Liban.

De Tripoli, & du Mont Liban.   C H A P.   L I I I.

A P R E S auoir veu la ville d'Antioche,& connu les meurs des habitans,fut question d'aller
à Tripoli ville dudit païs de Syrie , qui est
huit iournees loing d'Antioche. Le chemin
est fort dangereux, à raison des montaignes,
& des Arabes qui sont sur les chemins, attendans les poures
passans : mais le Signeur qui est la vraye voye & assurance,
nous conduisit par ses Anges sans aucun danger. A Tripoli
(ville de grand plaisir , & delectacion) on trouue grand'
abondance de soye, qui se fait audit lieu. Les iardins y sont
beaux,pour la grâde copiosité des Orâgers,Abricots,& plusieurs autres arbres de plaisance qu'on y voit:tellemét que les
Anciens ont dit iustement,par maniere de prouerbe,*Les iar-*
*dins,& herbes des Assyriens.*Ie ne veux pareillement obmettre les vins dudit lieu, tant excellens que rien plus, desquelz
Pline fait mencion. A vne bonne demie lieue de là, y ha vn
tresbeau port, ou arriuent plusieurs Nauires d'estrange païs:
Toutefois il est aucunement dangereux à cause des grans
rochers qui y sont. Au long de la Marine y ha quatre belles
                                                        grosses

groſſes & hautes Tours rondes, faites à l'ancienne mode , &
ſont garnies de pluſieurs groſſes pieces d'Artillerie, & autres
municions de guerre : mais certes elles ne ſont pour reſiſter
& pouuoir endurer le Canon. Et de fait , certes le grand
Turq n'a ville, ne chateau, ne place en Turquie, ny ailleurs (ſi
ce n'eſt Rhodes, & quelques vnes ſus les frontieres de Hongrie, de Tranſſiluanie & d'Afrique) qui ſoient de reſiſtence:
ſi que toute ſa puiſſance ne conſiſte qu'en grand nombre de
ſoudars , encores mal duits & tres mal propres aux armes.
Mais vrayement ce que ie trouue beau , & de fort bonne
grace dens Tripoli , & par toutes autres villes & bourgades
de Turquie, ce ſont les Beins grans & ſpacieux , la plus part
tous de marbre , tant le bas que le haut , fait en voute : ou,
Turqs, Maures, & Chreſtiens peuuent aller librement ſe baigner. En iceux Beins y ha vn maitre & cõmis(ainſi que nous
auons aux eſtuues de pardeça) lequel tient ordinairement
douze, ou quinze eſclaues , pour ſeruir, lauer & frotter auec
ſauon, ceux qui y vont : ſi que pour gaigner quelque choſe,
& auoir le vin , leſdis eſclaues vous font dix mille careſſes.
Pour la peine du maitre deſdis Beins , faut donner trois ou
quatre aſpres, & non plus. Les femmes n'entrent iamais dens
le Bein des hommes : mais en ont vn à part , ou elles vont
vne fois ou deux la ſemaine : c'eſt vn ordinaire. Tripoli eſt au
pié de la montaigne du Liban , ainſi appellee pource qu'elle
porte encens : car Libanos en Grec, ſignifie encens, ou l'arbre qui le porte. De céſte montaigne, & du mont Antiliban
procedent deux fontaines, leſquelles coniointes, font le fleuue
Iourdain , comme nous auons parauant dit, ſelon l'opinion
de S. Ierome. Entre ces deux montaignes le fleuue qui paſſe
par le milieu d'Antioche, prend ſa ſource & origine, comme _Plin. li. 5._
dit Pline. La ville eſt appellee Tripoli, de trois villes , ſauoir _chap. 18._

eſt, de

est,de Tyre(qui estoit autrefois vne Isle) de Sidon, & de A-
rados,non pas à raison de la conionccion & voisinance,ains
à cause de la Iurisdiccion : Car les Tyriens , Sidoniens , &
Aradiens ont esté autrefois Signeurs de Tripoli : au moyen
dequoy ha esté appellee du nombre des citez,qui auoient sur
elle Signeurie,& dominacion.Assez pres de Tripoli y ha vn
champ dit Macra, comme recite Strabo, ou y auoit vn Serpent de la longueur d'un iournal de terre , & si desmesure-
ment gros, que les gensdarmes d'un coté, ne pouuoient voir
ceux de l'autre. La gorge estoit tant large, qu'elle pouuoit
aualler, & englotir vn hommedarmes, ensemble le cheual
ou il estoit monté. Il y ha vn autre Tripoli en Afrique, qui
est asise entre Pantapolis , & Bisance : & est appellee Tripoli, à cause de trois grandes citez qui sont en icelle region,
c'estasauoir Ozee, Sabine , & Lepte : & fut prinse par les
Turqs sus les Cheualiers de Malte,non sans grand' effusion
de sang, faite desdis Cheualiers qui estoient dedens, l'an mil
cinq cens cinquantedeux. Voila donq quant à l'Assyrie, region d'Asie, appellee de Assur filz de Sem (comme tesmoigne S. Augustin) auiourdhui nommee Syrie,la plus fameuse
de tout l'Orient,apres Ierusalem : laquelle ha obeï à Dauid,
comme il appert par le second Liure des Rois aux huitieme
& dixieme chapitres. De Salomon il est dit qu'il ha estendu
son Royaume depuis l'Eufrates iusques à la Palestine , & les
limites d'Egypte:& ha esté excellent par dessus tous les Rois,
non seulement de son tems , mais aussi qui l'ont precedé, &
qui sont venus apres lui. La richesse & estendue de son
Royaume , ha esté la nompareille. Apres la diuision du
Royaume des Iuifs , ceste region est venue en la puissance
des Babiloniens: puis ha esté gouuernee des Parthes,Medes,
Perses,Macedoniens, Rommains,& finablement des Sarrazins.

zins. Mais depuis quelque tems en ça , Selin Empereur des
Turqs auec grand' armee en ha debouté le Soudan, ou bien
là contraint à se rédre:dont ce maudit sectateur de Machomet ha prins plusieurs places de Syrie : & maintenant le
Turq,qui est pour le present Empereur la tiét toute, ensemble la cité de Ierusalem, perte , qui deuroit tourner à grand
regret de tous Princes Chrestiens.

De Cypre.   CHAP. LIIII.

OR APRES auoir au partir de Tripoli prins
du biscuit , & de l'eaue dens là Naue , bien
munie de gés de resistéce, & fournie de tous
viures, nous desencrames, & fismes voile en
Cypre,tellement que dens peu de iours nous
arriuames au port de Bafe, & là trouuames quatre naus Ve-
niciennes chargees de toutes sortes de marchãdises qui vouloient prendre la route de Venise: lors notre conducteur &
capitaine nommé Gaspard Giraldo, homme sage, prudent
& de bon conseil , fut grandement ioyeux de trouuer telle
compagnie,pource que nous auions esté auertis qu'il y auoit
enuiron vne quinzeine de vaisseaux de Pirates & Coursaires qui tenoient les passages. Dens ledit port y ha vn Chateau ruïné & fort antique , qui fut bati (ainsi que disent les
gens du lieu) par Charlemagne,pour faire garde,& descou-
urir au loing les galeres ou naus tirans celle part : comme encore pour le iourdhui le Capitaine commis en ce lieu
par la Signeurie Vénicienne,fait faire nuit & iour.Non gueres loing dudit port de Bafe se trouuent certaines petites
pierres de couleur de Diamant Indien , combien qu'ilz ne
font si grans ne si bons , toutefois si on ne s'en prend bien
garde,il s'en donne de bonnes happelourdes par les Lapidai-

B   res.

res. Or est l'Isle de Cypre tresriche, & abondante en vin, huiles, blez, poixrezine, Alum blanc & noir, cuiure, pierres pour polir le marbre, Crystal, Diamans, Emeraudes, Lauriers, onguens, & plusieurs autres choses tant à l'homme necessaires & proufitables, que plaisantes: parquoy iustement ha esté appellee Macaria, c'estadire, heureuse. C'est ce que les Poëtes ont voulu dire, feingnás que Venus sortát de la Mer, est premierement abordee en Cypre : combien que aucuns disent cela auoir esté fait à raison de la paillardise, qui renoit en ladite Isle. Ie laisse plusieurs autres noms, quelle auoit parauant, côme nous pouuons connoitre par les Historiens. Les sepz de la vigne y sont si grás que les degrez du Temple de Diane, en Ephese, en estoient faits : pource que ce bois dure long tems. Ce qui ne doit sembler merueilleux, car la statue de Iupiter en Populonie estoit de vigne, & les Colomnes du Temple de Iuno, en Metapontes. A raison dequoy les Anciens ont iustement mis la vigne au nombre des arbres, comme recite Pline, & Vlpian Iurisconsulte le conferme. Ceste Isle ha esté autrefois conjointe à la Syrie, comme la Sicile à l'Italie, Euboee (auiourdhui dite Nigrepont) à Beocie : mais Neptune par maniere d'arbitrage les ha diuisees. Cypre, iadis siege de cent Royaumes, à present habitee des Grecs, vn peu plus humains que les Candiots, de laquelle les villes & forteresses sont gouuernees par Gentishommes Veniciens, est entre la Cilicie, & la Syrie, ayant grande longueur du Ponent au Leuant. Elle ha esté appellee iadis Ceraste, c'estadire cornue, à raison de plusieurs promontoires, desquelz, celui de l'Orient s'appelle Dinares : celui de l'Occident, Acamas. Ceste Isle ha esté long tems souz la puissance & Empire Rommain : & fut occupee plus pour le bruit de l'or & richesse quelle auoit, que pour aucune iuste

cause.

cauſe.Depuis elle fut reduite en la puiſſáce des Perſes,& Sarrazins.Finablement les Veniciens comme par droit de ſucceſsion l'ont commencé à tenir,Lan de grace mil quatre céſ ſeptante. Le moyen fut tel : Ian Roy de Cypre , filz de Ianus de Luſignan, eut de Heleine (de l'Imperiale maiſon des Paleologues) ſa femme, vne fille ſeulement, nommee Charlote, & vn Batard nommé Iaques : lequel pour aucuns bons reſpects, il fit promouoir aux ſaintes ordres,& le fit Eueſque de Nicoſie.La fille Charlotte fut mariee en premieres noces en Portugal , & de ce premier lit n'eut aucuns enfans. En ſecondes noces fut femme de Loys de Sauoye , filz du Duc Loys ſecond de ce nom : auquel à cauſe de ceſte Charlote ſa femme,ceſte Iſle de droit appartenoit. Toutefois le ſuſdit Iaques Batard,eſtant ſon pere decedé,renonçant à ſon Eueſché & à ſes ordres,l'occupa par force. Dequoy auerti le Duc Loys de Sauoye , mit ſus vne groſſe armee, & venu en Cypre, chaſſa ce Batard occupateur : lequel s'en fuit en Egypte deuers le Soudan , & s'eſtre rendu vaſſal d'icelui, par prieres & plaintes l'eſmut de ſorte, qu'il prit le fait en main, & auec puiſſante armee vint en Cypre aſsieger ledit Loys de Sauoye,Roy droiturier,qui s'eſtoit retiré au Chateau de Nicoſie,& fit tant qu'il le chaſſa & depoſſeſſionna de ſon Royaume. Et ainſi par violence s'en empara ledit Batard, qui pour appui de ceſte force inique, print alliance des Veniciens:leſquelz lui donnerent en mariage Catherine fille de Marco Cornario , laquelle le Senat auoit adoptee : & en eut vn Poſthume qui ne veſquit pas long tems apres le decez de ſon pere. Au moyen dequoy les Veniciens,ſe portans heritiers de la fille adoptiue du Senat,ſe mirent en poſſeſſion du Royaume , & depuis l'ont touſiours poſſedé. Du tems de S.Paul en ceſte Iſle y ha eu quinze citez , leſquelles Pline re-

B   2   cite

cite en son cinquieme Liure de l'Histoire Naturelle. Ie tou-
cheray ici vn mot de quelques vnes des plus memorables,
côme Cittiõ,d'ou estoit Zenon le prince de la secte Stoïque.
Salamis est du coté du riuage Oriental, en vn lieu fort plaisant & delectable,ou S.Paul, Barnabé, & Ian Marc, aborde-
rent venans de Seleucie,& de Syrie,pour y prescher l'Euangile. De là, vindrent à Paphos , dite pour le iourdhui Base,
qui est au riuage du Ponant, pour aller à Pergues en Pamphilie. La ville à mon iugement ha esté reedifiee : car du
tems de S.Ierome , apparoissoient seulement les vestiges de
Paphos.Amathus est du coté du midi, & Corinæum deuers
le Septentrion. Au regard de Salamis (de laquelle maintenant ay parlé)elle s'appelloit du tems de S.Ierome,Constan-
ce,du nom de Constancius.Auiourdhui se nomme Famau-
guste , laquelle auec plusieurs autres Eueschez de Cypre,
reconnoit Nicosie pour Eglise Metropolitaine , ou anciennement estoit le siege des Rois de Cypre. Il y ha aussi vne
petite villette nommee Lymasson , là ou communement les
Naus de Venise abordent pour charger du sel , lequel lon
prend dens de petites montaignes , pres de ladite ville, & est
la plus grand' richesse que ayent les Veniciens en ladite Isle:
Icelles montaignettes sont fort prochaines de la Mer.Il y ha
encores vne autre montaigne , sus laquelle est fondee vne
Abbaye de Moynes Grecs: & vont plusieurs gens visiter ce
lieu,pource qu'en l'Eglise d'icelle Abbaye y ha vne croix
qu'on dit estre celle , ou le bon Larron fut pendu : laquelle (selon le dire des habitans du lieu) fut là apportee par
sainte Heleine , mere du grand Constantin , & y fonda la
susdite Abbaye. Voila l'Isle qui nous ha engendré Barnabé
l'Apotre,Ioseph de surnom: & Ian Marc , cousin de S.Bar-
nabé,duquel S.Paul en plusieurs passages de ses Epitres fait

mencion,

mencion,& S.Luc aux Actes des Apotres.Ie ne veux mettre
en oubli les principaux des anciens Euefques , comme Tri-
phyllius,duquel parle S.Ierome: Spiridion Euefque de Tre-
mithonte : Epiphanius Euefque de Conftance,bien familier
de S.Ierome, qui tranflata vne fienne epitre de Grec en Latin, enuoyée à Ian Euefque de Ierufalem, pource quil auoit
rompu vn voile, ou eftoit depeint vne Image de quelque
Saint: ce que ne fut loué par S.Gregoire en la perfonne d'un
Euefque de Marfeille,ny par Adrian Pape,efcriuant à Tha-
rafius Patriarche , comme il appert par les faints Decrets.
Pendant que i'eftois en ladite Ifle,vne ftatue de Venus, belle
par excellence,fut trouuee dens terre , & fut portee à la Signeurie de Venife, comme chofe tres exquife. Mais qui me
donna plus de merueille, ie vis en vne pompe funebre d'un
certain homme de bonne maifon qui alors eftoit mort,plu-
fieurs femmes vieilles toutes defcoiffees, qui fuiuans le corps
pleuroient,lamétoient,s'arrachoient ce peu de cheueux qu'elles auoient,fe battoient les ioues & leurs mammelles à coups
de poing, fe lanffoient les vnes apres les autres, quelques fois
en côfufion,fus le mort,pour le baifer,lequel eftoit vétu com
me s'il fut en vie. Brief vous euffiez dit proprement qu'elles
eftoiét enragees & hors du fens.En quel fpectacle nô pas peu
efmerueillé,ie m'enquis d'un du pais que vouloit dire vn tel
defefperé miftere:lors il me dit que fi quelque chef de maifon & hôme d'eftoffe entr'eux venoit à deceder de ce môde
en l'autre, que les parens plus proches auoient vne heure du
iour pour lamenter & pleurer ledit defunct l'efpace d'un an:
les autres , deux ou trois mois, felon la qualité du perfonnage decedé:& que le iour de l'enterrement du trefpafsé,les parens (n'ayans parauenture le loifir, ou le cœur de faire telles
lamentacions) louoient icelles femmes pour faire ces extre-

B 3   mes

mes criries & pleurs sentans plus leur Paganisme que Chrestienne contristacion enuers les morts. Or nous estre refres-
chis quelques iours en ce lieu, nous lachames les voiles au
vent pour prendre trait & chemin à Rhodes: car ie laisse
plusieurs petites Isles, qui sont entre deux, pource qu'elles
n'ont grand renom. De Rhodes vinmes en Candie, Isle plus
grande que Cypre, & moindre que Sicile: qui ha esté ainsi
appellee de blácheur, à raison des neiges, qui sont aux montaignes Occidentales de la susdite Isle, comme ia ci deuant auons traité.

De Sicile.   CHAP. LV.

DE CANDIE ayans bon vent, nous fismes
voile en Sicile, laquelle nous vismes en passant, sans prendre terre. Làs! quand ie la vis, ie
ne me peu contenir de maudire trahison, par
laquelle plusieurfois la France ha esté mise
en grand peril & danger. Car il faut sauoir que les Preux
François conquirent ceste Isle par droit de guerre: mais Enuie, qui causa trahison, la leur fit perdre auec leur propre vie,
quand vn iour à ce prefix, heure de vespres, furent tous mis
à mort secrettement par traytres à ce deputez & apostez: dôt
est receu en prouerbe commun, lors que voulons denoter
quelque execrable monopole & trahison, de dire: *sont les*
vespres Siciliennes. Ce Royaume & terre de Sicile, est fertile,
& abondante en Froments, Safran, Vins, Sel, Corail, Emeraudes, & colle grasse, de laquelle les gens de village & de petite condicion, vsent en leurs lampes. Parquoy non sans caufe les Anciens ont dit que ceste Isle estoit consacree à Ceres,
& à Bachus, à raison dequoy, ha esté par trop delicate, lasciue, & adonnee à ses plaisirs & voluptez: car on dit communement

munement que Venus est froide, & n'a aucune force, estant
despouillee des vestemens de Ceres , & de ceux de Bachus.
Là ha esté trouuee la façon d'escrire & de iouer Comedies,
& (comme aucuns disent) les Bucoliques,en vne ville nommee Tyndaris.Ceste region n'est tant seulemét fameuse pour
tant de biens & richesses, qu'ay dit : mais aussi pour la multitude , & antiquité des villes , & commoditez des fleuues.
Autrefois ceste terre ha esté Peninsule (comme i'ay dit) &
iointe à l'Italie : Mais le tremblement de terre la reduite en
forme d'Isle,comme maintenant nous voyons.Parauant elle
s'appelloit Sicanie d'un Roy nommé Sicanus,qui y alla auec
vne grand' armee d'Espaignols,long tems deuant le siege de
Troye la grande. Depuis fut appellee Sicile d'un filz de Neptune , nommé Siculus : & pource qu'elle est faite en figure
triangulaire,côme est la quatrieme lettre des Grecs Δ,Delta,
on la appellee Triquetra : & à raison de ces trois promontoires , qu'elle ha à chacun coin , elle ha esté , outre tous ces
noms susdis,nommee Trinacria: l'un de cesdis promontoires regarde l'Italie,l'autre l'Afrique,le tiers la Grece. Du tems
de Pline y auoit septante deux villes : encores pour le iourdhui y ha douze Eueschez,les Dioceses desquelles ont grád'
estendue.Ie ne say Isle, de laquelle les auteurs tant Grecs,que
Latins ayent plus parlé que de ceste ci, tant pour la noblesse
d'icelle, qu'à raison des choses dignes de memoire qui y ont
esté faites. Or des villes anciennes en restent encores quelques vnes,côme Panormum, auiourdhui nommee Palerme
bien fameuse:Messana,maintenant Messine, du coté de l'Italie, ou Lascaris, & apres lui M. Masurus ont leu publiquement en Grec, auec grand honneur & louenge. Au mesme
riuage, mais plus pres du promontoire iadis Pachynum,au-
iourdhui dit Capo Pacino , est Syracuse, maintenant nommee

mée Saragossa de Sicile , fameuse à raison du Poëte ancien
Theocrite , lequel Vergile en ses Bucoliques ha ensuiui : &
pareillemét pour vn Mathematicien nommé Archimedes,
qui trouua le moyen de connoitre quand les Orfeures mef-
lent l'argent auec l'or & le falsifient, sans rompre aucunemét
soit couronne , soit vas , chaines , aneaux , & autres riches
ioyaux qu'ilz disent estre d'or. Mais à la verité elle doit auoir
sans comparaison plus de bruit , & plus de renom occasion
du vaisseau d'eleccion S.Paul , lequel estant ietté d'Alexandrie à Malthe par tempeste , y demoura l'espace de trois
iours. Car ceux qui venoient du Leuant,& auoient le vent à
gré , prenoient trait & chemin en Epire , nauigeans la mer
Adriatique , & ayans bon vent abordoient à Rezo, qui ha
son nom d'ouuerture. De là venoient à Puteoli , auiourdhui
Puzoli. Aucunefois apres auoir prins terre , & desembar-
qué au port de Brindes, qui iadis se nommoit Brundusium
en la Calabre,faisoient le reste de leur chemin par terre, sui-
uans le conseil de Caton. Au contraire ceux qui de Romme vouloient aller en Syrie , apres auoir nauigé la Mer de
Sicile, faisoient voile en la Moree : de là à Rhodes , puis en
Cypre : finablement en Syrie, lequel voyage est familier, &
commun à ceux qui vont en Ierusalem , hors mis que de
Venise on vient à Corfou , & puis de là en la Moree. Ainsi
descrit le voyage de Pauline , S.Ierome : laquelle se mettant
de la Mer de Sicile dangereuse,en la Mer Adriatique,com-
me par vn estang,vint à Modone, ville qui est en la Moree,
ou elle print refreschissement : puis passa les Isles Cyclades:
En apres vint à Rhodes , & en Lycie : à la parfin vint en
Cypre,montrant en peu de paroles quel trait,& chemin
Pauline auoit pris,& tenu pour faire voile,
& nauiger en Syrie.

De

De Malte, de Sardine, & de Carthage.
CHAP. LVI.

 PRES auoir fait les difcours des païs, Ifles, Chateaux, & Villes precedentes, lefquelz ay bien voulu mettre par efcrit: il nous refte de parler de Malte, qui eft le lieu ou demeurent maintenant les Cheualiers Rhodiens, depuis le tems que les Turqs leur oterent Rhodes. Cefte Ifle, (loing du Capo Cimo, promontoire, qui regarde la Grece, de foixante mille pas) eft entre Sicile & Afrique, quafi au milieu de la Mer, celebre & de grand renom, pour caufe du Naufrage que fit là S. Paul. En cefte region y ha vne ville du mefme nom, que l'Ifle. S. Luc appelle ceux, lefquelz du tems de l'Apotre y demeuroient, Barbares, pource feulement qu'ilz eftoient Africains, & non pour leurs meurs & vie: car ilz exercerent grand' liberalité enuers S. Paul, le nourriffant, & logeant par l'efpace de trois mois. Audit lieu pareillement eftoient plufieurs Colonies Rommaines, qui là auoient efté euoyees pour habiter: ce que facilement fe peult connoitre du nom de Publius, duquel fait mencion l'Euangelifte & Hiftoriographe des Actes Apoftoliques, S. Luc. Et n'eft de merueille, que nacions eftranges, & gens de diuerfes regions habitent enfemble, combien qu'il n'eft pas fans danger, tout ainfi qu'en vne armee, ou il y ha géfdarmes de plufieurs & diuerfes contrees: ce que beaucoup d'Hiftoires nous enfeignent, defquelles les Princes doiuent fongneufement prendre exemple: car certes il n'y ha Lecture à eux plus neceffaire, que les Hiftoires. Entre tous autres (touchant ce cas dequoy nous parlons) vous pourrez voir ce que dit Polybius des Carthaginiens, en fes Trefors. Mais à l'Ifle de Malte, en

C laquelle

laquelle ſe faiſoient toiles,& robbes precieuſes, comme nous demontre Ciceron, pere d'eloquence, en ſes Accions contre Verres. Ce païs eſt moult fertile , comme dit Ouide , ſinon quand il y ha ſeichereſſe , comme il auint lan de grace mil quatre cens ſoixante huit, attendu qu'il n'y auoit plu de quatre ans : mais en arroſant les terres on peult remedier à ceſte ſeichereſſe, quand elle ſuruient. Aucuns diſent que ces petis chiens de plaiſance ont eſté premierement apportez de là: mais Pline dit que c'eſt d'une autre Iſle, qui eſt bien du meſme nom , mais elle eſt en la Mer Adriatique : & pour ſon auteur il allegue Callimaque. Hermolaus homme de grand ſauoir , ſoutenant l'opinion de Pline (en quoy il me ſemble auoir raiſon)allegue de plus fort Stephanus, & quelque edit d'Antoninus , contre ceux qui diſent que Malte eſt entre la Sicile & Afrique,comme i'ay dit,& le confeſſe : Mais certes ilz doiuent conſiderer que pluſieurs païs & villes , en diuerſes regions peuuent auoir vn nom ſemblable , comme nous voyons (à fin que ie n'aille plus loing) de Melita : car il y ha vne ville non pas fort loing de l'Eufrates, fondee par Semiramis, nommee Melita. Tout ce debat eſt ſoutenu par autorité,laquelle en toute diſpute de quelque matiere que ce ſoit, on doit diligemment conſiderer, ainſi que nous enſeigne Quintilien en ſon premier Liure.Hermolaus donq ſuit Pline,& les autres,comme Callimaque,& Stephanus.Eraſme homme de grand ſauoir, & d'une diligence nompareille,eſt de l'opinion de Pline,l'autorité duquel n'eſt pas petite.Pource ie ne veux dire, comme Sipontinus, qui dit qu'il faut lire en Pline au lieu preallegué,Melitene,ains ſuis pluſtot d'auis qu'il faut lire en Ptolemee , Melite , veu qu'vn meſme nom peult eſtre attribué à pluſieurs & diuers païs : attendu auſsi que l'autorité de Pline eſt grande,laquelle ie ſuy, principalement

quand

quand elle est bien fondee. Vray est que Claude Ptolemee,
natif d'Egypte, Mathematicié d'une doctrine incomparable,
qui ha esté du tems de l'Empereur Antoninus , ha pareillement grand' autorité , en sorte que lez Mathematiciens de
grand renom lui ont osé attribuer ce loz & reueréce, qu'ont
fait les Pythagoriens à leur maitre , *Il ha dit* : mais il y peult
auoir, comme en vn homme , defaut de memoire : Ce que
bien souuent auient à gens d'esprit & de bon sauoir, comme
Aule Gelle ha obserué en Ciceron, & semble à Horace que
Homere ait par fois dormi. Au regard de Strabo l'autorité
de lui n'est point si grande, qu'elle doiue estre preferee à celle
de Pline, & de tant d'autres Grecs, lesquelz il ha pour auteurs.
Quoy qu'il en soit, la maniere de nourrir telz petis chiens de
delices , est venue de l'une ou l'autre Malte , & tellement ha
esté reçue entre nous, qu'vn chacun en fait mestier : & non
seulement de nourrir Chiens & Oiseaux bestes douces, de
grand' amour & fort nobles , mais des Ours, des Lions, Tygres, Loups, Singes & Renards, bestes cruelles, nuisibles, & directement ennemies des hommes. Vrayement, vrayement,
le Roy Massinissa, Roy de Numidie, homme Ethnique &
Payen, faisoit mieux : car pour Chiens, Singes, & autres animaux ne seruans de rien, il nourrissoit poures enfans iusques
en l'aage de trois ans, lesquelz puis apres il renuoyoit à leurs
parens : acte sans mentir , qui à nous autres Chrestiens doit
apporter vne extreme vergongne & honte , qui tellement
sommes en cest endroit negligens, qu'il semble que nous
nous estudions à estre en toute espece d'humanité , de douceur & misericorde, totalement inferieurs aux Ethniques &
Barbares : nourrissans tant de choses inutiles au lieu des poures, lesquelz Dieu le Createur en son Testamét nous ha tant
affectueusement recommandez : Mais nous auons les yeux

C   2 de

de chiens , ceſtadire , que nous ſommes ſans honte aucune.
Or pour retourner à notre propos , ceſte Iſle de Malte eſt
habitee des Maures blancs, qui ſont Chreſtiens, faiſans leur
ſeruice ſelon l'Egliſe Rommaine.Ilz viuent pourement, cõme auſsi la ſterilité du lieu le porte.Ilz n'ont autre bien,ſinon
qu'ilz cueillent vn peu de Coton. Aucuns d'entre eux s'auen-
turent d'aller ſus Mer , & eſtre Pyrates. Les autres gaignent
leur vie en peſchát,ou en ſeruant la Religion,ou bien ilz võt
trauailler aux Forts & reparacions de la ville, que ſont ordinairement faire les Cheualiers. Au ſurplus,ſe treuue en ceſte

Iſle vne cer-
taine eſpece
de langues,
& à mon
auis doiuent
eſtre de ſer-
pens.Les vns
diſent que
c'eſt vne dét
de Lámier,
ce que ie ne
puis croire.
Ces langues
ici ſe trou-
uent dens les

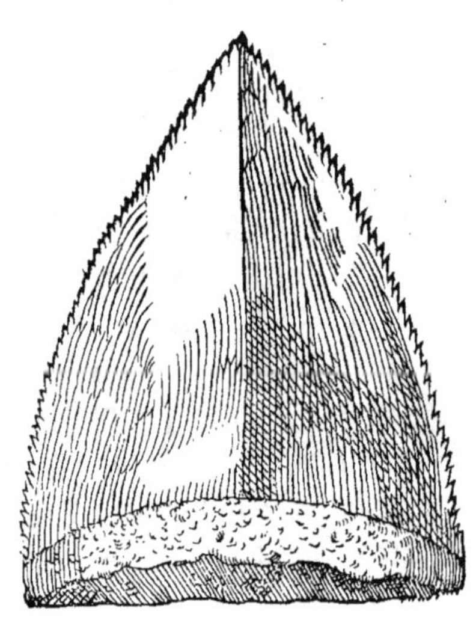

rochers & grans quartiers de pierres , aglaties & congelees,
leſquelles ſont ſi bien polies,& dételees tout à l'enuirõ, qu'vn
bon ouurier ſeroit bien empeſché d'en faire de ſemblables.
Elles ſont ſouuerainement bonnes côtre le venin,qui me fait
coniecturer que ce ſont langues de ſerpens. Donques,depuis
Malthe , cotoyans la Barbarie , paſſames pluſieurs Iſles ſans
prendre

prendre terre : puis , nous descouurimes le païs d'Afrique, à
l'endroit ou iadis estoit la grande Cartage , laquelle iadis fut
l'heritage de la Royne Dido,iniustement par Vergile accu-
see. Là les bestes ne boiuent aucunement,encores que le païs
soit fort chaud, comme plusieurs Historiens tesmoignent,&
l'experience en fait foy. Ce vent qui nous conduisoit ainsi
cotoyás l'Afriqué nous mena en Sardine., laissans à la main
gauche la Libye. En ceste sorte nous passames l'Isle sans des-
embarquer, pource que combien que la terre soit bonne, &
fertile, toutefois l'air y est pestilent,& venimeux : la raison si
est , pourautant que le vent Meridional y regne coutumie-
rement,lequel est pestilencial,& engédre plusieurs maladies,
ainsi que nous ont laissé par escrit les Historiens des choses
naturelles.En outre vous y trouuez grand' abódance d'eaues
palustres & dormantes, lesquelles,auec le vent du Midi,cau-
sent ceste infeccion d'air,& non(commeveulent aucuns)vne
maniere de formis venimeuses, qu'ilz appellent Salpuga, ny
moins l'herbe ressemblát à l'Ache,laquelle est nommee Sar-
doa , d'ou le prouerbe est extrait , *Ris de Sardine* , quand vn
homme semble estre fort ioyeux , & toutefois il est plus fas-
ché,que iamais ne fut.Ce païs dóq ha esté noté des Anciens
(comme tel qu'il est) mal sain , sinon à ceux qui tournent la
coutume de viure en nature , tellement que C.Tiberius Cesar,Empereur des Rommains, enuoyoit les Iuifs (lesquelz il
haïssoit grandement) en Sardine. Ainsi fit la posterité de
Genserichus Roy des Vendales,qui pour augmenter l'heresie Arrienne enuoya plusieurs Euesques catholiques en ceste
Isle,par maniere de peine & de bánissement,vn petit apres la
mort de S.Augustin.A raison dequoy Marcial voulát signifier l'incommodité de ce lieu, & la mort commune en tous
lieux & païs, dit qu'au milieu de Tibur ville pres de Róme,

C 3   ou

ou y ha bon air, eſt Sardine, ceſtadire, la mort : & Ciceron
reprochát à vn quidam Tigellius, homme Sarde, qu'il eſtoit
plus peſtilencieux que ſa propre Patrie. Que la terre ne ſoit
bonne & opulente en tous biens, certes ſi eſt, voire de toute
ancienneté, ainſi qu'il nous eſt notoire aux Commentaires
de Iules Ceſar, de la guerre de Gaule. Car celui Ceſar ſe
trouuant foible, enuoya certains Heraux porter lettres en
Sardine & autres prochaines Prouinces, à fin qu'ilz lui en-
uoyaſſent ſecours, viures, blez, & autres fourrages. Les habitans de ce lieu ne ſont du tout ſi grans larrós qu'en Sicile, ne
ſi bien duits, ny ſi aſpres en l'art militaire. Il y ha en ceſte Iſle
fontaines, qui gueriſſent du mal des yeux : & (qui plus eſt
merueilleux) font l'examen, & preuue d'un larrecin. Car ſi
celui qui ha cõmis le larrecin vient à lauer ſes yeux de l'eaue
de ceſdites fontaines n'y, voit rien, s'il eſt fauſſement accu-
ſé, il y voit mieux, & plus clerement que parauant. Il y ha
pareillement mines d'argent, & abõdance de Coral, & eſcar-
lates fort precieuſes. Ce païs à raiſon que la forme eſt ſemblable au veſtige & impreſsion du pié humain (dit en Grec
Ichnos) & à vne maniere de ſouliers de femme, que les Grecs
appellent Sandalion, ha eſté nommé Ichnuſa, & Sandaliotis.
Maintenát s'appelle Sardine, du filz de Hercules, dit Sardus,
qui vint du païs de Barbarie pour conqueſter ladite Iſle. Elle
ha du coté d'Orient la mer baſſe, autrement dite de Hetru-
rie : deuers le Ponant elle ha la mer de Sardine, qui porte le
nom de l'Iſle : De la partie du Midi eſt la mer d'Afrique, &
du coté de Septentrion, la mer qui eſt entre elle, & l'Iſle de
Corſegue. Au regard des villes il y en ha encores deux, qui
retiennent le nom ancien, comme Calaris, & Sulci. En Calaris on peſche le Coral : & là quelque tems le corps de
S. Auguſtin demeura : puis fut tranſporté par Heliprandus
à Pauie.

à Pauie. Au parauant Calaris s'appelloit Iöle du nom de celle que Hercules aymoit. Les Cartaginiens auoient conquesté ceste Isle : mais ilz furent expulsez en la premiere guerre dressee contre eux par les Rommains : & depuis que les forces des Rommains ont commencé à diminuer, les Sarrazins apres auoir conquesté la Barbarie, occuperent ceste Isle, ou ilz ont demeuré long tems paisibles, & sans crainte d'aucune peste : Aussi pour certain estoient ilz plus pestiferes, que le païs mesme. Depuis ceux de Pise la gaignerent contre les Sarrazins, & eurent plusieurs victoires contre eux. A la parfin apres que les Espaignolz eurent occupé la Sicile, l'Isle de Sardine ne fit grand' resistance, tellement qu'elle est maintenant en la puissance, & suieccion de l'Empereur Charles cinquieme de ce nom.

De l'Isle de Corsegue.   CHAP. LVII.

A V A N T qu'arriuer en Corsegue nous eumes l'espace de deux iours & deux nuits, vent contraire & forte tormente. Toutefois apres l'auoir d'assez loing descouuerte, les Pillots & Comites de notre Nau firent telle diligence, que à demi noyez, nous vinmes prendre port à la ville de Calue, laquelle est situee sus vn Roc à bord de Mer, & est tres forte & de grande defense, à ce qu'on en peult voir & iuger exterieurement : car quant au dedens nous n'y peumes iamais entrer. Plusieurs Gentishommes Cheualiers de Malte, qui auec nous s'estoient embarquez demanderent licence au Capitaine d'y pouuoir entrer, pour ce refreschir & estre mieux traitez : mais icelui leur fit response que la Signeurie de Gennes auoit ordonné, qu'entree ne fut donnee à aucuns estrangers s'ilz n'estoient à leurs gages, & pourautant
tant

tant quïlz se retirassent aux faubourgs. Ceste Isle de Corsegue ha de longueur (comme dit Pline) cent cinquante mille
pas,& de largeur cinquante. Parauant s'appelloit Therapne.
Les Grecs l'appellent Cyrnos, d'un filz de Hercules, ainsi
nommé. Elle est appellee des Latins Corsica, d'une femme
nommee Corsa. Les Geneuois ont commencé les premiers
de demourer en ce lieu,& encores est auiourdhui en la puissance & suieccion d'iceux,lesquelz toutefois sont obeissans à
l'Empereur. Au parauant les Rommains la tenoient , puis
apres les Maures & Barbares, desquelz Ademarcus Empereur la recouura : Et fut prinse ladite Isle des belliqueux
François,l'an de notre Signeur mil cinq cens cinquante trois.
En ceste Isle y ha force montaignes,& bons vignobles, fort
prisez en Italie , ou quasi tout le vin de ce lieu est porté. Du
tems de Pline,ce païs ha eu trente trois citez.Anciennement
ny pouuoit croitre Laurier : mais auiourdhui ilz y viennent
fort bien,& de beaux : qui est vn argument, ou de la negligence des Anciens,ou bien que la terre ha changé de qualité. Il y ha vne pierre appellee Catochite , qui se trouue seulemét en ce lieu là,laquelle (comme l'on dit) retient les mains
de ceux qui la touchent , comme si c'estoit glu , ou quelque
gomme.De ceste pierre vsoit souuent Democrite pour mótrer la puissance de Nature occulte,quád il entroit en dispu-
te contre les Sages , & Magiciens. Ces gens ici ont le bruit
d'estre grans larrons, qui est la cause,que peu de gens abordent à eux.Nous lisons au Liure des Grecs,que ceux de l'Isle
de Corsegue viuoient longuement : la raison est(comme ilz
disent) pource quïlz vsent de miel, lequel selon le iugement
de Democrite , & de Pollio Romulus , entretient l'homme
long tems en santé:laquelle chose me semble assez difficile à
croire,attendu que le miel y est assez aspre & mal sauoreux,

pour

pour les fleurs de buy que mágent les mouches. Parquoy ce
n'eſt en Corſegue, que les hommes viuent tant longuement
pour manger du miel : mais en Indie(ſelon que recite Pline
au ſecond chapitre du ſettieme Liure de l'Hiſtoire Naturelle)ou les gens,appellez Cyonij,viuent moult longuement:
car ilz ont vn miel tant bon & tant excellent que rien plus,
lequel vient en leur païs en grande abondance , ſans le trauail des mouches à miel. Il eſt tout certain que le miel ha
grande vertu & puiſſance de contregarder long tems vn
corps mort : ce que nous auons experimenté en vn Hippo-
centaure, qui de long tems auoit été oint de miel:lequel fut
apporté tout entier d'Egypte à Claude Ceſar, Empereur des
Rommains & lequel Pline atteſte auoir veu.

De Marſeille.   CHAP. LVIII.

PASSANS par là,& penſant en moy plus profondement,que n'auois accoutumé,pourquoy
les Anciens deuant le deluge vniuerſel viuoient ſi longuement (car ie croy,contre l'o-
pinion de pluſieurs , que les ans des Anciens
eſtoient ſemblables aux notres)le ſommeil me ſurprint:& en
ce mien dormir m'eſtoit auis,que ie diſputois auec les Theologiens Chreſtiens, touchant la matiere de laquelle maintenant ay parlé, & penſe que ce fut pourautant, que i'y auois
penſé auant que dormir:car il auient ſouuent que noz propos, & cogitacions produiſent & cauſent en notre ſommeil
vn cas tel,& ſemblable à celui,duquel nous parlions,ou pen-
ſions en veillant.Quand ie fus reueillé,noz gens auoient fait
telle diligence d'eſlongner la Corſegue, que ia nous com-
mençions approcher de Marſeille ,ou nous arriuames tous
biés ioyeux,& allegres:& n'eſtime point,que Agamemnõ fuſt

D   tant

tant ioyeux , quand il vit la ruïne de Troye la grande : ou
Electra,quand elle vit Orestes:ou Vlisses,quand il vit le Riuage Dulichie, que ie fus, apres auoir connu, que iestois en
mon païs,lequel iauois tant de fois souhaitté : combien que
ie sceusse assez,que nous sommes tous en ce monde viateurs,
& que l'homme est en son païs,ou il se trouue bien.Si est ce
que le païs natif ha ie ne say quoy qui nous induit à l'aymer,
tellement que Vlysses preferoit la seule immortalité , à l'a-
mour du païs. Dont iustement est dit en commun prouerbe,que la fumee du païs semble estre plus luisante, que le feu
cler d'une terre estrange. Parquoy à bon droit & à iuste
cause ie deuois estre ioyeux prenant terre,& desembarquant
à Marseille, ville ancienne & de grád renom,laquelle cóme
elle fut fin de mon voyage,ausi sera elle de ce present traité.
Toutefois pource ꝗ ie me sens redeuable à elle du bó traite-
mét qu'elle m'a fait,& de l'humanité de laquelle elle ha vsé enuers moy, ien diray en peu de paroles, ce quen ay trouué, à
mó iugemét,plus digne de memoire. Marseille dóq est vne
ville en la prouince de Narbóne,fort ancienne,& fondee du
tems que Astyages tenoit l'Empire des Macedoniens,& que
Sedechias regnoit en Iudee, six cés treize ans,auant la Natiuité notre Signeur,& quatre cés octáte quatre,apres la mort
de Dauid Prophete Royal. Depuis ha esté destruite,puis re-
faite par les Phocenses , comme aucuns disent , tenans l'opinion de Lucain, Orateur & vray Historiographe plustot
que Poëte.Ceste nacion estoit d'une ville appellee Phocis,qui
est aupres de Beotie.Mais cóbien que ceux qui sont de ceste
opinion,ayent l'autorité de Lucain, si est ce qu'il vaut mieux
en cest endroit suiure l'auis de plusieurs Historiens , tant
Grecs,que Latins,& asseoir son iugement en la coutume in-
troduite par bons Auteurs, & approuuez : lesquelz estiment

que

que la noble , & antique Marseille ha esté fondee des Phocenses (la penultime syllabe, comme dit Hermolaus Barba-
rus , ayant diphthongue , en la langue Latine) qui estoient
peuple d'Asie & nom de l'Europe : lesquelz fuyans la tirannie de Cyrus, ou bié à cause que leur païs estoit trop estroit
pour vn si grand nombre de gens,vindrent par Mer en Italie : dont les vns fonderent vne ville nommee maintenant
Velia,qui parauant s'appelloit Helia : Les autres passant plus
outre reedifierent Marseille.L'occasion de choisir vn tel lieu,
fut,que lesdis Phocenses voyans au riuage de la Mer vn pescheur, lui commanderent de lier en ce lieu là,la corde de la
Nauire pour aborder & prendre terre , & y faire leur residence : dont elle ha son nom du seruice , que fit le pescheur
au peuple Asiatique : le nom estant composé de ce verbe
Grec Eolique , massin, qui signifie lier & attacher, & de ce
mot,Aliefs,qui signifie pescheur de marine.Parquoy à mon
iugement,ceux là sont deceuz qui pensent que Marseille ait
esté fondee d'un peuple d'Europe. Et n'est de merueille que
les Asiens soient venuz en la Gaule, veu que les Gaulois ont
bien esté en l'Asie , ou ilz ont diuisé & parti le Royaume
auec le Roy de Bithynie,apres lui auoir fait secours & baillé
ayde : au moyen dequoy lesdis Gaulois ont appellé de leur
nom ceste contree & region, Gallogrece, & depuis,Galatie.
La ville de Marseille est enuirónee de la mer,de trois cotez,
le quatrieme ha entree par terre , duquel coté elle est forte à
merueilles. Icelle estant en sa premiere liberté ha long tems
resisté à Iules Cesar,& à toute sa puissance tant par mer que
par terre , comme il appert en ses Commentaires : mais à la
fin fut contrainte de se rendre : laquelle il garda non tant
pour les biens faits d'elle enuers lui , que pour le renom , &
antiquité de la ville : ou pour garnison il laissa seulement

D 2   deux

deux legions.Ciceron ha tant eſtimé,& loué Marſeille, quil
l'a preferee à toute la Grece, & ne ſcet ſil la doit plus eſleuer,
que toutes autres nacions , tant à raiſon des publiques exercices en Grec , que pour les ſtatus , leſquelz (comme il dit)
certes il eſt plus facile de louer , que d'enſuiure. N'eſt ce pas
vne choſe digne de grand' recommandacion,que les Rommains pour le voyage de la Grece , prenoient trait & chemin à Marſeille pour apprédre les Arts liberaux? Quant aux
ſtatus,& maniere de viure des habitás du lieu,entre les autres
ceux ci ont eſté obſeruez, que le plus grand dot d'une fille à
marier ne ſurpaſſeroit la ſomme de cent eſcuz , & que les
femmes ne buroient point de vin. Ainſi (cóme nous liſons
aux epigrammes Grecs) elles mettoient Cupido aupres des
riuieres,à fin que par ce moyen elles fuſſent plus chaſtes:car
il n'y ha point de doute que le vin pris immoderément ne
ſoit cauſe de luxure : parquoy S.Paul à bon droit prohibe à
tous Chreſtiens de ne s'enyurer. Nul, en l'aminiſtracion de
leur Choſe publique, n'eſtoit du nombre des Senateurs (qui
eſtoient en nombre ſix cens) quil n'euſt enfans, & qui n'euſt
eſté Citoyen de trois generacios.Leurs loix eſtoient publiees
à la maniere des Iöniens. Ilz ne vouloient quivn perſonnage fait ſeruiteur de droit ciuil,ou commun,dit des Gens,qui
eſtoit en ſon ingratitude retourné pour la quatrieme fois,
tombaſt derechef en ſeruitude : car la faute procedoit du
maitre , lequel apres lui auoir baillé liberté par trois fois,
s'eſtoit ietté lui meſme en ce danger. Ilz ne receuoient point
gens,qui ſouz pretexte de religion paliee & fardee cerchoiét
à viure en oiſiueté. Outre ilz deboutoient fort les batelleurs,
ou ioueurs de Comedies , leſquelles pour la plus part conſi-
ſtent en laſciueté : La raiſon eſt,pourautant, que la coutume
de voir , nous induit à vne licence & vouloir d'enſuiure ce,

que

que nous auons veu,qui eſt vn exemple pernicieux,& dommageable à tous,meſmement à ieunes gens. Tous eſtrangers
qui vouloient entrer à Marſeille laiſſoient leurs batons à la
porte de la ville,à fin qu'ilz fuſſent aſſurez deſdis eſtrangers,
tout ainſi comme ilz eſtoient humains enuers eux. Les Maſ-
ſiliens, pour concluſion,ont montré aux Occidentaux à labourer la terre,cultiuer la vigne,planter l'oliue, & reduire les
hommes en Citez & communautez : Et depuis enſeigné la
langue Grecque, comme aſſez ſauent ceux qui liſent, & ont
verſé aux hiſtoires. Deuát les portes de la ville y auoit deux
Arches, l'une pour les ſeruiteurs , l'autre pour les gens libres,
ou les corps morts eſtoient menez dedens vn chariot : & ſes
funerailles eſtoient faites & celebrees auec vn ſacrifice do-
meſtique , & faiſoit on vn banquet, ou eſtoient conuiez les
parens, & amis ſans aucun pleur ny lamentacion : car qu'eſt
il beſoing de tant plorer, comme gens, qui n'ont aucune eſperance ? Les Thraces eſtoient fort ioyeux , quand quelcun
decedoit, car ilz eſtimoiét la mort, chamberiere des Deeſſes
fatales eſtre la fin & remede de tous maux, auſquelz l'homme viuant entroit,quant il venoit à naitre. Parquoy le diuin
Platon,ou bien (comme aucuns diſent) Xenocrates,ha bien
fait, cópoſant vn Dialogue intitulé Axioque, ou,du meſpris
de la mort,ce que Ciceron ha voulu enſuiure en ſa premiere Tuſculane.

Voila, Monſigneur, la fin de mon voyage, & de ce que
iēn ay peu recueillir , qu'il vous plaira receuoir de celui, qui
ne s'eſtime né , que pour (apres ſon Dieu) extoller & col-
lauder votre floriſſante Signorie, comme celle , à laquelle il
doit tout honneur, amour, & reuerence. Que ſi le fruit de
mon labeur (lequel ie vous preſente,pour ſatisfaire au mien
deſir , non iamais aſſouui de vous complaire) ne porte tant

D 3   de

de proufit & vtilité aux Lecteurs , que bien ie defirerois,
pour le moins il tefmoignera du bon vouloir qu'ay toufiours eu , premierement enuers vous , fecondement en leur
endroit : me contentant du tefmoignage de la diligence
prinfe par moy , fi le mien ftyle ne trouue lieu d'aucune
louenge , vray nourriffement & affeuré entretien de tous
Arts & Sciences.

F I N.

A T R E S I L L V T R E, E T
Prince magnifique, Monfigneur
de la Rochefoucaud , Ian
Bouchet, bourgeois
de Poitiers.

Iay veu, & leu, cefte Cofmographie
Faite pour vous, Comte, Prince, & Signeur,
Par vn grand art, ou l'Auteur clarifie
Afie, Afrique, en merueilleux labeur,
Voire fi bien, qu'il n'y aura Lecteur
Qu'en la Lifant, n'aye la connoiffance
De ces païs, origine, & naiffance,
Et d'autres cas de grand' inuencion:
Et vous (Monfieur) aurez la iouiffance
De votre noble & fainte intencion.

TABLE DES CHAPITRES

DV PRESENT LIVRE.

d'Egyp

Fin de la Table des Chapitres.

INDICE DES CHOSES
MEMORABLES, SELON
L'ORDRE ALPHA-
BETIQVE.

E   Cal

Crocod

au

M

F

Fin de la Cosmographie de Leuant, composee par
Frere André Theuet, Religieux de l'ordre
de S. François, au Conuent
d'Angoulesme.

Fautes obmises à corriger.

Page 44. verset 27. pour, lasciue, lisez lasciueté.
Pag. 62. verset 4. pour, stature, lisez statue
Pag. 69. verset 1, 2, pour, c'est bien le plus grand
    animal qui soit au monde, lisez ilz sont bien
    les plus grans animaux qui soient, &c.
Pag. 98. verset 1. pour, tout, lisez tous
Pag. 158. verset 19. pour, le, lisez les.
En la page du Priuilege, derniere ligne, pour, soit,
    lisez soy.

HOMO HOMINI, NEMINI NEMO.

LE PRIVILEGE.

 ENRY par la grace de Dieu Roy de France, au Preuot de Paris ou ſon Lieutenant, & à tous noz autres Iuges qu'il appartiendra, ſalut. Notre amé & deuot Orateur frere André Theuet religieux de l'ordre de ſaint François, au conuent d'Agouleſme, nous ha fait remontrer qu'il ha redigé par eſcrit, auec grand peine & labeur de ſon eſprit, vne Coſmographie du païs de Leuant (où, pour ce faire, s'eſtoit tranſporté) qui n'eſt encores imprimee en notre Royaume, & laquelle il auroit grand deſir faire imprimer, mais il doute que eſtant imprimee il ne peuſt recouurer ſes fraiz & deſpens, ſi autres la vouloient imprimer: A ceſte cauſe nous ha treshumblement fait ſupplier & requerir, lui vouloir permettre, durant quelque tems & terme, de imprimer ou faire imprimer ladite Coſmographie, pour icelle vendre lui ſeul : & à ceſte fin lui ottroyer ſur ce notre grace. NOVS à ces cauſes inclinant liberallement à la requeſte du ſuppliant, à icelui auons permis & ottroyé, permettons & ottroyons par ces preſentes, qu'il puiſſe faire imprimer ledit Liure par tel Imprimeur ou Imprimeurs de notre Royaume que bon lui ſemblera, ſans ce que dedens le tems & terme de ſix ans, autres que celui, ou ceux qui auront charge de lui, ſe puiſſent entremettre de imprimer, vendre, ne debiter ledit Liure. SI VOVS mandons, & à chacũ de vous endroit ſoit, ſi comme à lui appar-

tiendra,

tiendra,que de noz prefens grace & permiſſion vous faites,
ſouffrez , & laiſſez ledit ſuppliant iouir & vſer plainement
& paiſiblement: & à ce faire côtreingnez & faites contraindre , par les voyes qu'il appartiendra par raiſon , tous ceux
qui pour ce feront à contraindre, ceſſans & faiſans ceſſer
tous les troubles & empeſchemens qui en ce lui pourroient
eſtre faits,mis,ou donnez au contraire: car tel eſt notre plaiſir. Donné à Fonteinebleau ce vintdeuxieme iour de Mars,
Lan de grace mil cinq cens cinquantetrois,& de notre Regne le ſettieme.

Par le Roy , maitre Michel de l'hoſpital
maitre des Requeſtes de l'hoſtel preſent

De Laubeſpine.

F   3